HOELION WYTH

ROBIN WILLIAMS

GOMER

Argraffiad Cyntaf · Awst 1986

ISBN 0 86383 273 3

Dymuna'r cyhoeddwyr gydnabod cymorth a chyfarwyddyd Adrannau'r Cyngor Llyfrau
Cymraeg a noddir gan Gyngor Celfyddydau Cymru.

Argraffwyd gan J. D. Lewis a'i Feibion Cyf.,
Gwasg Gomer, Llandysul, Dyfed.

I blant y plant:
IFAN, HUW, CASI,
a
LOWRI

RHAGAIR

Yng ngweithdy'r saer coed, mor bitw yw'r hoelen fodfedd o'i chymharu â'r un wyth. Mewn maint a nerth a phwysau, fe saif yr hoelen wyth mewn dosbarth ar ei phen ei hunan. Yn eithriad.

Am i'r oes a basiodd ddisgrifio eithriad o bregethwr fel 'hoelen wyth', oni ellir mynnu hefyd fod hoelion wyth o gyfeillion i'w cael? Hoelion wyth o artistiaid, llenorion a phencampwyr yn ogystal, heb sôn am hoel-ion wyth o wledydd? A thybed nad oes hoelion wyth ym myd anifeiliaid?

Edmygu a lled-addoli'r rheini a wneir yn y gyfrol hon, gan ddiolch i'r Cyngor Llyfrau Cymraeg am rwydd hynt, ac i Wasg Gomer am roi trefn, fel arfer, ar y gweithdy geiriau.

Bu ambell bennod yn y llyfr un ai'n sgwrs mewn rhyw ffurf neu'i gilydd yn y gyfres radio *Rhwng Gŵyl a Gwaith*, neu ynteu'n erthygl yn yr *Herald Cymraeg, Y Faner a Taliesin*. Dymunaf gydnabod y cyfryngau hynny gyda gwerthfawrogiad cywir.

Rhos-lan
1986

Robin Williams

CYNNWYS

Hoelion Wyth

Roedd arogleuon gweithdy fy nhad yn gyfareddol.

Byddai had llin mewn pwti'n rhoi sawr cynnes, merfaidd; tyrpentein mewn paent, yn siarp; carnau'n toddi mewn crochan gliw, yn orthrymus; bwyell yn hogi ar leithder maen, yn llymsur, a phren pits-pein newydd ei lifio, yn chwyrnfelys.

Fel yr âi fy nhad ynglŷn â'i waith, byddai'r arogleuon yn ymgymysgu fwyfwy: drilio trwy haearn, ac ewin o fetel yn gwyniasu nes bod mwg main yn cosi'r ffroen. Wedyn, brws paent, o'i drochi mewn petrol, yn ildio arogl tenau, cyffrous. Llethol o hallt fyddai sawr clwt paraffin wedi glanhau rhwd. Ond pan ddôi cymydog ar dro gyda'i faco'n ymfygu, byddai'r gweithdy'n arogl-darthu mor ddieithr â theml bagan.

Cedwid yr arfau mewn pleth uwchben y fainc, gyda naddion cyrliog o dani, a phlanciau'n trwm-orwedd ar ei gilydd i aros eu tro, rhai'n llychlyd ac ambell un wedi warpio. Yn ogystal â'r fainc goed, roedd yn y gweithdy hefyd fyrddau metel, bwrdd morteisio, bwrdd dril-olwyn a bwrdd y llif-gron ddibardwn.

Ar y wal agosaf, nifer o duniau paent o sawl lliw, gyda chlwstwr o frwsys yn ymlacio mewn gwlybwr. Ar y wal bellaf, cyfres o silffoedd wedi'u rhannu'n fath o focsys agored. Yn y rhain y cadwai'r saer coed ei hoel-ion, pob un yn deulu taclus yn ei briod flwch. Roedd yr hoelion hyn — crwn, hirgrwn a fflat — yn amrywio mewn hyd, o fodfedd, modfedd a hanner, dwy, tair, pedair, pump, nes cyrraedd blwch yr hoelion chwe modfedd.

Ond ple'r oedd yr hoelion wyth?

Yn fy ngholofn wythnosol yn yr *Herald Cymraeg*, tystiais fy mod bellach yn tueddu i amau a oedd hoelion o'r ffasiwn hyd mewn bod. Ac os oedd, mai'r gof lleol a fyddai'n gwneud y rheini'n unswydd i'r saer. Ond cefais fy sicrhau'n dawel gan ddarllenwyr caredig mai

11

cynnyrch ffatri fel y gweddill oedd yr hoelen wyth, ond cytunent hwythau ei bod yn eithriad mewn maint, ac yn eithriad yn y defnydd a wneid ohoni. Yn wir, bu dau gyfaill mor hynaws ag anfon hoelion wyth i'm cartref fel prawf terfynol!

Ni wn pwy a fathodd y term 'hoelion wyth' am rai o bregethwyr Cymru gynt, ond bu'n dra dethol yn ei ddiffiniad. Fel hoelion wyth y saer, eithriad hefyd oedd yr hen bregethwyr hynny. Mae'n wir y ceid cyflawnder o bregethwyr eraill, gwŷr abl a chydwybodol, ond am yr 'hoelion wyth' yn eu mysg, yr oedd i'r rheini ryw odrwydd a'u gwnâi'n wahanol i'r gweddill. Mewn personoliaeth a dawn (a hyder, efallai) roedd y rhain mewn dosbarth ar eu pennau'u hunain.

Un o ddoniau'r hoelion wyth oedd medru, drwy frawddeg neu ddarlun, serio neges ar gof y gwrandawr am weddill oes. Onid 'Brynsiencyn' a ddywedodd mai o dan yr un un haul yr aeth Ioan yn ddisgybl annwyl, a Jwdas yn fradwr?' 'Yr un un haul,' meddai wedyn, 'sy'n gwneud i'r rhosyn beraroglli ac i'r domen ddrewi.'

Ni waeth beth yw maint neb ohonom fel pregethwyr, braint uwch pris fu rhoi cynnig ar draethu. O droi dalennau nodlyfr oedd gennyf yn cadw trefn ar fy nheithiau pregethu ar hyd a lled Cymru, mae'n sobreiddiol gweld fel y gwibiodd y blynyddoedd trwy'r calendrau. Ac yma fe garwn gyfleu diolch calon. Diolch i'r eglwysi am wahodd fel y gwnaethon nhw. Diolch hefyd i'r cynulleidfaoedd am wrando mor fonheddig ar bwt o gennad yn trio traethu am y Rhyfedd Ras, a hynny'n ddigon carbwl sawl tro. Pwy sydd ddigonol, yn wir?

Ond yn sgil y crwydro hwnnw fe ddaeth braint arall, sef cael oedi yng nghysgod y cewri, ac er mai diwedd cyfnod oedd hi, heb os, bu'n gryn brofiad gwrando ar rai o'r hoelion wyth yn pregethu: Eliseus Howells yng Nghydweli, William Morris yn y Bwlch, Tom Nefyn yng Nghaerhun, Morgan Mainwaring yng Nghapel Hendre, Walter John yn Mynytho, O. M. Lloyd yn Nebo

Llanrwst, Emlyn Jenkins yn y Trallwm, M.P. Morgan, Blaenannerch a John Williams, Dyffryn, yng Nghlosygraig, Idwal Jones ym Mhentrefoelas, heb enwi ond rhai . . . .

Wrth gipio trwy'r nodlyfr, gwelaf yr enw 'Cwmafan' ger Port Talbot. Roeddwn i bregethu yno yn oedfa'r bore, ond fel y digwyddodd pethau, ar yr union noson y bwriadwn gyrchu tua'r de, cafodd teulu yn fy ngofalaeth brofedigaeth drom ac ni allwn eu gadael ar awr felly. Nid oedd dim amdani wedyn ond codi am bedwar fore trannoeth. Cofiaf basio ffatri laeth Llangadog am hanner awr wedi saith cyn dechrau dringo camffordd y Mynydd Du. Yna i lawr ei oriwaered, ac ar ddannedd wyth o'r gloch curo wrth ddrws Eirian a Jennie ym Mrynaman lle cefais frecwast parod (yr ail i mi!) a chyn bo hir yr oeddwn wedi llwyddo i gyrraedd pwlpud Cwmafan bell. Y pnawn hwnnw, pregethodd Herbert Evans, Caer, ar y Deg Gwahanglwyfus gan sôn am y clefyd oedd wedi tynnu pobl wahanol, a gelyniaethus, at ei gilydd—'brawdoliaeth creisis', chwedl yntau. Y nos, fe bregethwyd gan y proffwyd trywanol hwnnw, D.R. Thomas, lle'r oedd yn cyfeirio at fasnach annuwiol y caethion gynt, a'r dyn gwyn 'Cristionogol' yn cludo'r bobl dduon i America. Enw'r llong honno, o bopeth cableddus, meddai D.R., oedd Jesus.

Daw sasiwn Llanfair Caereinion i'r cof, a Tom Nefyn yn disgrifio'r tad hwnnw'n egluro'r ddeddf wrth ei fab. Robet: '"Am bob gweithred ddrwg wnei di, mi fydda i'n morthwylio hoelen i gilbost y llidiart. Am bob gweithred dda wnei di, mi fydda i'n tynnu un hoelen i ffwrdd." Ond,' meddai Tom Nefyn gyda'i angerdd cryf, 'pa gysur a gâi Robet petai pob un hoelen yn cael ei thynnu i ffwrdd — a'r cilbost yn greithiau i gyd?' Cofiaf fel yr oedd Gwyn Erfyl wrth f'ochr yn yr oedfa wedi'i bensynnu gan y syniad.

Wrth feddwl fel hyn am yr hen gewri, daw'r Doctor Tecwyn Evans i ymrithio o'm blaen. Fe'i clywais wrthi

13

droeon, ac un waith yn y pumdegau cefais yr anrhydedd o gyd-bregethu ag ef mewn gŵyl yn Neuadd y Foel ym Maldwyn.

Ar yr aelwyd dirion oedd yn ein croesawu dros y cyrddau, roedd y Doctor Tecwyn yn gwmni godidog a'i sgwrsio'n troi'n fynych, wrth gwrs, at bregethu. Ond yn ogystal â hynny, byddai wrth ei fodd yn trafod teithi ac ymadroddion yr iaith. Fe'i cyfrifid yn gryn awdurdod ar buro'r Gymraeg, a thrysoraf rai llythyrau o'i eiddo lle bu'n dadansoddi geiriau fel 'ysgafala', 'anystywallt', 'ysgatfydd' a'u tebyg. Oni luniodd Tecwyn gampwaith wrth gyfieithu cerdd Francis Thompson, *'The Hound of Heaven'*, 'Bytheaid y Nef'? Ac am ei yngais gydag emyn Matheson, *'O! Love that wilt not let me go'*, 'O! Gariad na'm gollyngi', byddaf yn tybio'i fod wedi rhagori ar y gwreiddiol ei hun hyd yn oed, pe na bai ond am fiwsig y llinell 'Rwy'n gweld yr enfys trwy y glaw'.

Y drefn yng ngŵyl y Foel oedd fy mod i i bregethu yn y bore, a'r doethur wrthi yn y pnawn. Daw i'm cofiddo ledio'r emyn cyn y bregeth, ac yna fel y codai'r gynulleidfa i ganu, daeth Tecwyn i lawr grisiau'r pwlpud a cherdded allan o'r oedfa. Fel yr oeddwn yn dechrau anesmwytho'n ei gylch, daeth yn ôl mewn union bryd i godi i destun, gan draethu fel seraff. (O feddwl, roedd y gwron mewn cryn oedran bryd hynny a'i gorff urddasol yn graddol ddadfeilio, bid siŵr.)

Wedi cwmnïa'n ddiddan ar ôl te, daeth yn amser hwylio am oedfa'r nos pryd oedd y ddau ohonom i bregethu. Wrth gerdded gan bwyll tua'r neuadd lawn, yn sydyn dyma Tecwyn yn cydio yn fy mraich a dweud: 'Dowch y ffordd yma i'r cefn. Mi awn ni i chwilio am le'r dynion cyn dechra'. Wyddoch chi be', 'machgen i, mae hynny mor bwysig bob mymryn â gweddïo. 'Fedrwch chi ddim pregethu os nad ydi'r corff yn esmwyth.' A'r noson honno fe bregethodd yn ogoneddus.

Sbel fach ar ôl hynny, pan oeddwn ar dro yn fy hen gartref, aeth fy nhad, yn fawr ei didddordeb, i holi beth oedd gan Tecwyn Evans yn y Foel. Minnau'n sôn am ei bregeth yn trafod 'Doethineb Duw', yn seiliedig ar yr adnod yn Epistol Iago: *Eithr y ddoethineb sydd oddi uchod, yn gyntaf pur ydyw, wedi hynny heddychlon, boneddigaidd, hawdd ei thrin, llawn trugaredd a ffrwythau da, diduedd a diragrith.'*

'Roedd o'n sôn am y llong-awyr, 'Nhad,' meddwn i. 'Fel y mae honno'n medru gwibio mor sydyn o le i le.

"'Tasa gen i awyren," meddai Tecwyn, "mi fedrwn bregethu yng Nghernyw am ddeg. Yn Glasgow am ddau. Ac yn y Foel am chwech! Wyddoch chi, bobol,'' medda fo, "peirianna' hwylus ryfeddol i gario petha' ydi'r awyrennau 'ma. Cariwch chi be' fynnoch chi ynddyn nhw, ond peidiwch â chario bomia'! Mae Ioan yn Llyfr y Datguddiad yn sôn ei fod o wedi sylwi ar rwbath rhyfadd iawn. Clywch be' mae o'n ddeud: *Ac mi a welais angel yn ehedeg yng nghanol y nef, a'r efengyl dragwyddol ganddo, i efengylu i'r rhai sy'n trigo ar y ddaear."* Tecwyn, wedyn, yn codi'i olwg at y gynulleidfa a dweud: "Wn i ddim yn y byd mawr be' welodd Ioan, bobol—os na welodd o bregethwr Wesla'n mynd i'w gyhoeddiad ar fora Sul mewn eroplên!''.

'Wel, wel!' meddai 'Nhad, 'ydi'r hen bregath yna'n dal i fynd gynno fo? Mi glywais i honna gan Tecwyn yn y dre, agos i bymtheng mlynedd yn ôl bellach.'

Wrth sôn am hen bregeth yn dal i fynd, fe adroddir am Edward Matthews, Ewenni, yn dod i lawr o'r pwlpud, a'r blaenoriaid yn brysio i egluro'i fod wedi pregethu'r neges honno iddyn nhw'r tro cynt.

'Felly!' meddai Matthews. 'Ond, ydych chi wedi *byw* y bregeth honno?'

'Wel . . . naddo'n wir, Mr. Matthews,' addefodd un gŵr. "Dydyn ni ddim wedi'i byw hi, mwya'r cywilydd inni.'

'O, wel, frodyr bach,' meddai'r hen law, 'mi'i cewch chi hi eto hefyd y tro nesa' y do' i yma!'

Fe dadogir stori i'r un cyfeiriad ar William Prydderch, y Gopa, os cywir y sôn. Daeth blaenor ato yntau ar ddiwedd cwrdd i ddiolch am yr oedfa, gan ychwanegu iddo glywed y bregeth honno ganddo mewn cyrddau mawr yn Llanelli ugain mlynedd ynghynt.

"Do fe'n wir?' meddai William Prydderch heb unrhyw gyffro. 'On'd yw hi'n gwisgo'n dda, fachgen?'

Mae tafodau ffraeth fel yna'n deffro atgof am ardaloedd Glanrafon a Dinmael, lle bûm yn gweinidogaethu am ddeng mlynedd. Amaethwr diwylliedig oedd Defi Lloyd Jones, yr Hengaer, ac er y gallai drin byd a bywyd gyda difrifwch trwm, eto roedd ynddo fwrlwm diogel o hiwmor. Un brawd a barodd ddifyrrwch i Defi Lloyd oedd Isaac Jones, Nantglyn, pregethwr hynod y byddai eglwys Glanrafon yn awchu am Sul yn ei gwmni.

'Roedden ni wedi bod wrthi am wythnos galed yn atgyweirio'r capel,' meddai Defi Lloyd, 'ond wedi methu'n lân â chael y lle i drefn cyn i Isaac Jones ddodi Lanrafon i fwrw'r Sul. Felly,' doedd yna ddim i'w wneud ond trio ailwampio hen adeilad segur yn y pentre, a hynny ar y funud ola'. Symud rhyw hen ddodrefn a chlirio'r llanast yn bentwr i'r cefn, brwsio'r llawr a chario cadeirie a meincie ar gyfer y gynulleidfa. Wedyn, cael hyd i hen fwrdd i fydde'n gwneud math o bulpud i'r pregethwr.

'Wedi i Isaac Jones gyrraedd at yr oedfa, mi safodd yn hir yn edrych ar y lle, mi welodd y gwe pry copyn o gwmpas y ffenestri, ac wedyn y bwrdd-pulpud ffwr-â-hi . . . a rhyw goese digon simsan oedd o dan hwnnw, 'dwi'n ofni!

'Pan ddaeth o at ei weddi, dyma Isaac Jones yn deud wrth y Brenin Mawr na fydde'r oedfa'n fawr o beth heb 'i bresenoldeb O. "Tyrd yma atom ni heddiw, Arglwydd,'' medde fo, ''—os wyt Ti'n arfer â dod i ryw le fel hyn.''

Wrth adrodd hanes y cennad anturus o'r Nantglyn, roedd llygaid Defi Lloyd yn pefrio gydol y stori, ac wedi gorffen bu'n cecian-chwerthin am hir wrth ailgofio'r ffasiwn weddi. 'On'd oedd o'n greadur, fachgen?' meddai wedyn cyn cael ei lorio gan bwl arall o chwerthin, a minnau i'w ganlyn.

Yr wyf wedi mynnu droeon fod yn y Galon Ddwyfol swm o hiwmor. A chael fy nhemtio'r funud hon i ddyfynnu'r adnod: *Yr hwn sydd yn preswylio yn y nefoedd a chwardd*. Ond rhaid cofio mai mewn difrifwch dwys yr ysgrifennodd y Salmydd y frawddeg yna. Sylwi a wnaeth fel yr oedd dyn, mewn hunan-dyb ynfyd, yn ymgythreulio dros y ddaear gan herio Duw a diafol. A'r Crëwr yn gwenu'n ddeifiol ar yr herfeiddiwch dall a fyddai yn y diwedd yn dinistrio dyn a daear.

Yr oedfa gyda'r fwyaf gwefreiddiol imi fod ynddi erioed oedd honno yn neuadd Rhoshirwaun ar bentir Llŷn, a'r Athro J. Williams Hughes yn pregethu ar yr adnod uchod. Aeth ati i ddisgrifio'r *Titanic* (yr *unsinkable*, chwedl yntau) yn hwylio'n orchest i gyd gan daflu'i sialens i'r cefnfor a'i bopeth, fel y llong oedd yn mynd i dorri pob record a wnaed erioed. Ond ar ei mordaith gyntaf un, a hithau'n noson dawel, serog, ar Sul, Ebrill 14eg 1912, rywle yng nghyffiniau Newfoundland ymruglodd perfedd y llong yn erbyn mynydd iâ, cafodd ei raselu'n agored a'i suddo'n derfynol i'r dyfnderoedd gan foddi dros un cant ar bymtheg o'i theithwyr.

Yn dawel, dawel y pregethai Williams Hughes am y trychineb, heb brin godi'i lais uwchlaw sisial. Er bod neuadd y Rhos yn boeth gan y tywydd, y lle'n llawn i'r ymylon, eto ni syflai neb yn ei gadair, dim ond gwrando'n llonydd, fud ar un o'r hoelion wyth yng ngafael ofnadwy'r Ysbryd.

'A phan dorrodd y newydd ar y byd fod y Titanic fawr wedi mynd i'r gwaelod,' sibrydodd y pregethwr, 'fe glywes inne'r neges hon: *Yr hwn sydd yn presuylio yn y nefoedd a chwardd!*' Fflachiodd ei ddannedd yn wên lydan, ond ar yr eiliad nesaf o artistri ysbrydoledig, caeodd ei wefusau'n dynn cyn murmur yn hyglyw hyd ben draw eitha'r neuadd: 'Na, ffrindie! Dydw i ddim yn credu ei fod *E*'n chwerthin.' Saib wedyn, cyn ychwanegu: 'Ond yr oedd yno *rywbeth* yn chwerthin

. . . ;'

Athrylith fawr arall oedd W. D. Davies, a fu yn Aberystwyth am gyfnod. Ysgolhaig aruthr, a phersonoliaeth na fynnodd ffitio i batrwm arferol pethau. Ym mlynyddoedd y cyfnos, bu'n byw yn y capel-gaffi ger Pont-ar-Ddyfi dros yr afon i Fachynlleth. Un tro, cefais gadw gŵyl gyda'r cyfaill dyrys hwnnw ym Mryntwrog ar ynys Môn.

Wedi oedfa'r pnawn a chael te gan gyfeillion y Tŷ Capel, dyma daro côt drosom yn lobi'r tŷ, a throi allan am dro. Wedi cerdded cryn filltir ar ffordd y wlad dan siarad a siarad ein dau, dyma W. D. Davies yn stopio'n sydyn fel petai mewn trafferth gyda'r gôt oedd amdano. 'Be' di'r mater?' holais ef.

'Wel, clywed rhywbeth yn od yn y gôt yma rydw i,' atebodd yntau. Yna fe'i gwelodd, ac meddai: 'Nid fi pia hon. Mae'n siŵr gen i mai macintosh dyn y Tŷ Capel ydi hi!'

Fodd bynnag, os nad oedd W. D. Davies yn siŵr o'i ddillad ei hunan, roedd yn hollol siŵr o'i bregeth ei hunan. Pan ddaeth ei awr i draethu yn oedfa'r nos, fel hyn y gosododd ei destun o flaen y capelaid: 'Pedwaredd bennod Llyfr Genesis, y seithfed adnod: *Pechod a orwedd wrth y drws.* Dyna ichi honna i gychwyn, o lyfr cynta'r Beibil. Ond rydw i am droi rŵan i lyfr ola'r Beibil, y Datguddiad: *Wele yr wyf yn sefyll wrth y drws.*'

Gydag un adnod yn nechrau'r Beibl, a'r llall yn ei ddiwedd, dyma W. D. yn cydio yn y cannoedd tudalennau sydd rhwng Genesis a'r Datguddiad, a'u cynnal rhwng bys a bawd fel piler o'i flaen, cyn dweud: 'Sylwch mewn difri ar y trwch sydd rhwng y ddwy adnod yma! Yn un pen—*pechod a orwedd wrth y drws.* Ac yn y pen arall—*wele, yr wyf yn sefyll wrth y drws.*'

Ar ôl hynny aeth i'r afael â'i bwnc. 'Pechod,' meddai. 'Peth ofnadwy ydi pechod. Chi, bobol sydd yn y capel yma—wyddoch chi rywbeth am uffern, deudwch? Wyddoch chi rywbeth am bechod? Gwrandwch! Mae pechod yn bod. Mae o'n ffaith. Mae o yma. *Pechod a orwedd wrth y drws.* Ac nid peth i chwarae hefo fo ydi peth felly. Nid peth i wau dadleuon o'i gwmpas o ydi pechod.' Yna, wedi oedi ennyd, saethodd y frawddeg hon atom: 'Bobol! 'Dydych chi ddim yn dadlau efo cobra yn y drws ffrynt!'

Roedd yr un frawddeg yna'n ddigon o bregeth ynddi'i hunan.

Gan gofio Moelwyn Hughes, Morgan Griffith, John Roger Jones, Trebor Lloyd Evans, Isaac Parry, Cwyfan Hughes, Tegla Davies, Jubilee Young a John Roberts, carwn oedi gyda J. W. Jones (Llansannan) y bûm yn pregethu droeon yn ei gwmni. Pob un a'i ddull oedd hi, ac yr oedd gan 'J.W.' ddawn ryfedd i ddweud y pethau mwyaf cynhyrfus, a hynny heb na drama nac unrhyw retoreg. Ystyrier a ganlyn:

'Peidiwch chi ag edliw pechodau pobol iddyn nhw, rhag ofn fod y Brenin Mawr wedi'u maddau nhw.'

'Gwrandwch!' meddai dro arall. 'Gwnewch eich hunain yn bobol hawdd eich claddu, wnewch chi?'

Gallai symud o funudau dwys, a thraethu pethau tra gogleisiol yn ogystal, fel y tro hwnnw mewn oedfa yn Aberystwyth pan oedd yn dyfynnu'r adnod: *A hoff oedd gan yr Iesu Mair a Martha a Lasarus.* Wedi ysgafn beswch, aeth ati i godi'i drywydd: 'Mi fyddai Iesu Grist wrth ei fodd efo'r hen deulu bach hwnnw ym

Methania. Mi fyddai O yno o hyd. A mae pregethwyr yr un fath, wyddoch chi. Peidiwch chi â bod yn rhy barod i feio'r gweinidog am ei fod o'n galw'n amlach mewn ambell Fethania . . .'

Yna, gan rygnu'n ysgafn yn ei wddf, aeth at y gwaith o glensio'r neges honno: 'Hen job ddigon rhyfadd ydi'r ymweld 'ma, wyddoch chi. Wrth fynd i ymweld rownd pobol yr eglwys acw, mi fydda i'n curo wrth y drws mewn amball dŷ . . . a mi fydda i'n *gweddïo* na fyddan nhw ddim adra!'

Mae'n siŵr fod hanner can mlynedd wedi pasio erbyn hyn, ond rwy'n dal i gofio un pregethwr wrthi ym mhwlpud Moriah, Llanystumdwy, er na fedraf yn fy myw ddwyn ei enw'n ôl bellach. Traethai am iachâu'r gŵr oedd â'i law wedi gwywo, gan ddisgrifio Iesu Grist yn rhoi'r gorchymyn positif hwnnw iddo: 'Estyn allan dy law.'.

'A dyma'i fraich o allan fel braich bocsar!' meddai'r pregethwr brwd. Hyd heddiw, rwy'n gweld dwrn y cennad hwnnw'n ymsaethu i gyfeiriad y blaenoriaid.

Ie, pob un â'i ddull oedd hi, gyda champ a rhemp yn digwydd yn eu tro. Fel y cynigiodd yr hen Isaac Jones wedi pregethu'n ddifrifol o ddiafael yn oedfa'r pnawn hwnnw yng Nglanrafon, ac yn gwybod cystal â neb ei fod cyn saled â'i grogi: 'Dowch chi yma heno, 'mhobol i—os ydech chi isio *pregeth*.'

Er i minnau fanylu mewn cyfrol arall am Thomas Owen, y Garth, ni allaf beidio â chyffwrdd y clasur amdano unwaith eto. Fel pawb yn ei dro, cafodd yntau oedfa ddigalon o fflat, ac wrth ymddiheuro yng nghlyw'r blaenoriaid, a hynny agos at ddagrau, meddai Thomas Owen: 'Frodyr annwyl, rydw i'n siŵr na phregethais i erioed cyn saled yn fy mywyd.'

Ond wrth geisio'i gysuro, ateb un blaenor oedd: 'Twt-twt, Mistar Owen bach! Mi'ch clywson ni chi'n salach lawer gwaith!'

Ar Drywydd Luther

Wrth feddwl am Hoelion Wyth y Protestaniaid ym mhwlpudau Cymru, roedd yn hanfodol cofio'r cyntaf un o'u bath hwy. Neb llai na'r mynach grymus hwnnw, Martin Luther. Aeth ef trwy arteithiau meddwl mor dymhestlog nes iddo ryw ddydd gerdded tuag eglwys yn Wittenberg, gyda llarp o felwm yn un llaw ac arno gant namyn pump o bwyntiau yn mynegi dolur ei ysbryd. Yn y llaw arall morthwyl a hoelion, ac yng ngwefr ei weledigaeth bwriodd y rheini fel 'saethau argoeddiadau' trwy'r felwm a'i lynu'n boster ar banel drws yr eglwys fel y gallai pawb wybod dwyster yr argyfwng. Ei argyfwng ef a'u hargyfwng hwythau.

Ni wn fesur yr hoelion a drawyd i'r drws, ond nid oes ddadl nad y Protestiwr beiddgar hwnnw oedd yr Hoelen Wyth gyntaf erioed i draethu o bwlpud. Erbyn 1983, gyda phum can mlynedd ei eni wedi cyrraedd, rhaid oedd mynd ar drywydd y proffwyd o'r Almaen.

Esgyn o Heathrow ac anelu am Berlin, debygem ni, ac er nad oeddem wedi hedfan ond tri chwarter awr, 'doedd dim dwywaith am y peth, roedd yr awyren Trident yn dod i lawr ac i lawr, yn is ac yn is. Onid oedd y môr a'i donnau bellach o fewn dim inni? A gwlad fflat yn ymddangos o danom, tir agos, cwbl wastad gyda phatrwm o sianelau a ffosydd hirgul o gwmpas tref o gryn faint . . . Od iawn, iawn. Cyn pen dim roedd yr awyren wedi glanio, ac allan â ninnau ar y concrit gwyn. Roeddem ar faes awyr Schipol yn Amsterdam!

Hwnnw oedd y tro cyntaf i mi ddeall na ellid mynd i Ddwyrain yr Almaen ond felly. Erbyn un ar ddeg yr oeddem mewn awyren arall, eiddo'r Deutschen Demokratischen Republik, ac i fyny â hithau'n serth. Eto, tua'r gogledd (nid y dwyrain) yr anelai gan esgyn uwchben y môr am ganolbarth Denmarc. Yno, rhoes dropedol amlwg tua'r de megis, gyda dinas Copenhagen i'w gweld draw, ac o hynny ymlaen i ffwrdd â hi nes cyrraedd cyffiniau gwlad Pwyl, debygwn i, ac yna glanio yn Schönefeld ar gwr dinas Berlin.

Wedi i swyddogion y tollau wneud astudiaeth hir-faith a manwl o'n papurau ac o'n bwriad, aeth bws-llog â ni'n ddiymdroi ar daith deirawr tua'r de nes cyrraedd Wittenberg. Bellach, dyma ni'n ddiogel ar y trywydd, a Martin Luther yn llond pob man. Mae Eglwys y Castell yn dal yn gadarn ar eithraed yn Witten-berg, yn ogystal â'r man lle'r hoeliodd Luther y drws, a negesau'r mynach wedi'u gosod mewn metel oesol ar ei banelau, er mai drws arall yw hwnnw bellach. Yn llawr yr eglwys y mae bedd Luther, a chyferbyn ag ef feddrod Melanchthon, yr athro Groeg a oedd yn gym-aint edmygydd o'r protestiwr. Uwchben y ddau wron y mae'r pwlpud coed cerfiedig yn dal i bregethu.

Oddi allan, yn gylch am y tŵr uchel, y mae llinell gyntaf un o emynau mawr Luther wedi'i gosod mewn mosaic amlwg: EIN FESTE BURG IST UNSER GOTT. (Tŵr cadarn yw'n Duw ni.) Ar fur y castell lle mae'r eglwys roedd yr eiddew'n hydrefu'n lliwgar, a chol-omennod yn mynd a dod rhwng agennau'r mur. Mae popeth ar gael yno: mae'r hen goleg yno gyda'i angu-eddfa, mae llyfrau Luther yno, mae'r ystafell yno mae'r bwrdd yno, mae'r stof yno ... Yn wir, nid 1983 oedd hi yn Wittenberg, ond 1483. A ninnau wedi llithro'n ôl i hanes bum cant o flynyddoedd.

I lawr yn is eto am Torgau, ac yn y dref honno y mae'r eglwys gyntaf un i'w galw'i hunan yn Eglwys Luther-aidd. Ni ddymunodd Luther erioed i'w enw ef ymglymu wrth fudiad, ond felly y mynnodd ei ddilynwyr alw'r eglwysi. Mae'n rhaid croesi pont i gyrraedd yr eglwys yn Torgau. Eto, nid afon sydd o dan y bont honno ond pydew enfawr, ac i lawr yn y fangre ryfedd fe'm cefais fy hunan yn syllu ar hanner dwsin o eirth duon oedd yn arswydus o drymion a phwerus. Er bod yr eirth yn edrych i fyny ataf yn annwyl ac ymbilgar, ni charwn am bris yn y byd fod wedi disgyn i'r pydew hwnnw yn Torgau.

Ar ffenestr swyddfa gerllaw'r porth, sylwais ar boster y wlad gomiwnyddol ac arno ddwy fraich gadarn gyda dwrn y naill yn dal sbanar, a dwrn y llall yn cynnal dryll. Yn union ar draws y ffordd i gapel Luther ar lan afon Elbe y mae cofeb yn nodi'r llecyn y bu i'r Rwsiaid a'r Americanwyr ddod â'r rhyfel diwethaf i ben. Fel yr eirth, mae'r ysgyrnygu'n parhau hyd heddiw.

Tynnu wedyn tuag Eisleben lle cafodd Luther ei eni, —a'r lle bu farw hefyd, fel y digwyddodd pethau fod. Wrth i'r bws arafu i chwilio am y drofa gywir gerllaw treflan Hettstedt, dyma glywed miwsig ar radio'r bws, ac o bopeth, y gân oedd 'Codiad yr Ehedydd'. Esbonio'n fyrbwyll wrth y gyrrwr mai cân o Gymru oedd honno. (Ond wedi dod adre'n ôl a phicio trwy'r llyfr *Canu'r Bobol*, canfod yr anhygoel Huw Williams yn tystio ynddo y byddai'r cerddor Haydn yn arfer dweud mai 'Codiad yr Ehedydd' oedd un o'r alawon gorau y gwyddai ef amdani. Ymchwil pellach i rywun.)

Ddiwrnod arall, gyrru o Halle am Mansfeld at y tŷ y bu Luther yn byw ynddo, tŷ sy'n amgueddfa heddiw. Yn yr ysgol leol ym Mansfeld bu'n rhaid i Luther ddysgu Lladin. Yn yr ysgol honno, ni châi neb o'r disgyblion siarad sill o'u hiaith eu hunain. Lladin oedd y rheol, ac os delid plentyn yn siarad ei famiaith, sef Almaeneg, y gosb fyddai gorfod gwisgo pen asyn, a'r unig ffordd i gael gwared â'r penyd fyddai dal plentyn arall yn siarad Almaeneg. Mae hyn yn ein hatgoffa am sefyllfa debyg yng Nghymru pan oedd y 'Welsh Not' mewn grym yn yr ysgolion. O gofio'r gorthrwm, nid yw'n syn fod cenedlaetholdeb Luther yn gymaint o argyhoeddiad ynddo â'i brotest grefyddol.

Ar awr segur y tu allan i'r amgueddfa ym Mansfeld cefais fyd o gysur gyda phedwar o blant a ddaeth i weld beth oedd ar fynd. Plant bonheddig a hyfryd eu hysbryd. Ac er nad oedd iaith rhyngom ni i fedru sgwrsio, fe gaed yr awr ddifyrraf erioed yn dangos triciau iddyn nhw efo darn o linyn a phwt o bensil. Mae enw'r pedwar plentyn wedi glynu'n hapus yn y cof hyd heddiw: Beatrice, Bettina, Alexander a Kai.

Ym Mansfeld y llithrodd f'Almaeneg bregus yn llygad y camera. Yn lle gofyn 'Was ist das?' i wraig yr amgueddfa, aeth fy nhafod yn gwlwm, a gofynnais 'Vat is dat?' A'm cael fy hunan fel Eric Morecambe ar ei ddigrifaf!

O dynnu fwyfwy tua'r dehau, dod i ddinas Erfurt lle graddiodd Luther ar gyfer y Gyfraith yn y Brifysgol yno. Er nad oes dim ond mynedfa'n aros o'r Brifysgol honno, eto mae'r fynachlog Awstinaidd wedi'i hadfer yn rhyfeddod o beth. Heb fod ymhell o Erfurt y mae'r llecyn anial hwnnw lle daliwyd Martin Luther mewn storm enbyd o fellt a tharanau. Cafodd gymaint braw yno nes iddo weddïo ar y Santes Anna, ac addo iddi pe câi ddod adre'n fyw o'r ddrycin yr âi'n fynach, ar ei lw. Enw'r fangre unig hon yw Stotternheim, ac ar y llethr moel fe godwyd carreg uchel i goffáu'r storm fawr y daliwyd Luther ynddi. Eithr yr oedd dwy storm ar gerdded yn Stotternheim, storm natur a storm enaid. I gadw'i amod gadawodd Luther y Gyfraith yn y coleg, a dewis bywyd mynach yng nghelloedd celyd y fynachlog yn Erfurt.

Ymlaen yr aethom trwy Fforest Thuringia, a'r hydref yn ogoneddus. Oedi yng nghanol y coed wrth gofeb mewn llecyn a elwir Glasbachtal sy'n nodi'r fan lle cipiwyd Luther gan filwyr y Tywysog Frederik a'i ddwyn i'w gastell. Wedi milltiroedd o deithio, cawsom ninnau gyrraedd y gaer honno. Castell Wartburg, yn uchel ddiogel ar graig yng nghanol y fforest.

Bu Luther yn y fan honno am flwyddyn fel math o garcharor. Diben da oedd gan y Tywysog wrth ddal y rebel crefyddol hwn, sef ei guddio yn y castell rhag i filwyr y Pab ei ladd. Ond tra buyno, fe weithiodd Luther ar gyfieithu'r Testament Newydd o'r Lladin i'r

Almaeneg, iaith ei bobl ei hunan. Bu wrthi ar ôl hynny'n cyfieithu'r Hen Destament yn ogystal, a mynnir bod Luther trwy hynny wedi gwneud i'r Almaen yr hyn a wnaeth William Morgan i Gymru gyda gorchest ei Feibl yntau. Sef safoni a phuro iaith ei genedl.

Nid anghofiaf hyd fyth awyrgylch y gaer honno yn y fforest fawr. Roeddwn yn treulio'r nos mewn llofft yng Nghastell Wartburg, a hithau wedi tywyllu ers oriau. Clywn y sgrympiau ar wydr y ffenestr, gyda'r gwynt yn plycian yn gythryblus y tu allan. Roeddwn i wedi blino'n grwn, fy nghorff yn llesgâu gan deithio, a'm hysbryd yn dwysáu gan hiraeth, a'r castell pellennig hwn yn iasau dieithr o'm cwmpas. Tua dau o'r gloch y bore, o fethu'n deg â chael gafael ar gwsg, estynnais gyfrol a ddygais gyda mi ar y daith, llyfr cynnar Parry-Williams, *Ysgrifau*. Troi at ei bennod ar 'Yr Ias', yr ias gyfrin honno y mae a wnelo pellter â hi, yn ôl y gŵr o Ryd-ddu:

Yn sydyn, am eiliad, daeth yr ias ryfedd ac ofnadwy hon, o sylweddoli am ennyd fer gyng-hreiddiol mor bell oeddwn, yn y trofannau ar ochr orllewinol De Amerig, ac mor anobeithiol fyddai gallu dychwelyd mewn pryd petai'r peth mwyaf erioed yn galw amdanaf. Yr oedd ymdeimlo â'r anobaith digymorth hwn sydd ynglŷn â phellter yn rhan o'r proses hefyd....

Mae'n wir nad oedd y pellter rhwng Wartburg a Rhos-lan i'w gymharu â'r pellter rhwng Perŵ a Rhyd-ddu. Ond mi daeraf mai'r un oedd yr 'ias', yn ei hanfod.

Drannoeth, oedi yn Eisenach lle bu Luther yn aros am gyfnod gyda'i fodryb. Sylwi hefyd ar ddelw gerllaw o Johann Sebastian Bach, a dysgu mai yno y ganed y cerddor ym 1685. Ond troi yn ôl oedd raid tua'r gogledd unwaith eto, a chyrraedd Berlin fel yr oedd hi'n nosi'n llaith. (Deall yn y gwesty fod Gromyko yn y ddinas yr un pryd â ni!)

Wrth y bwrdd swper y noson olaf honno, aeth Sieg-fried Leske i ddweud dihareb wrthym am ei wlad, gydag Annedore Danlowski'n cyfieithu o'r Almaeneg inni:

'Os ydych yn fodlon, dywedwch wrth eraill. Onid ydych yn fodlon, dywedwch wrthym ni.'

Seston Halle

Cyn gadael Dwyrain yr Almaen, mae'r siwrnai honno tua Halle'n mynnu llercian yng nghilfachau'r cof. Profiad gwirioneddol ddifyr yw teithio trwy wlad ddieithr, a chael golwg wrth basio ar bentref bach tawel, neu ddinas yn ferw gan ffatrïoedd. Dro arall, sylwi ar amaethwyr wrthi'n trin caeau, ac wedyn gyrru trwy fforestydd yn ogoniant gan hydref, a chael cip ar ambell garw swil yng nghysgod y coed.

Gallasai'r daith ddiwedd y pnawn hwnnw fod wedi bod mor ddiddorol ag erioed ar wahân i un peth: 'doeddwn i ddim yn teimlo'n hollol esmwyth — yn gorfforol felly. Brysiaf i addef fy mod yn ffodus ryfeddol wrth drafaelio, am na chefais erioed unrhyw anhwylder o fath yn y byd, boed honno'n daith mewn car, ar fws, mewn trên, ar long, neu mewn awyren. Pe byddai'n rhaid, mi dybiaf y medrwn siwrneio fel camel o fore glas hyd hwyr nos heb orfod pryderu am un gofal corfforol.

Ond y pnawn hwnnw, roeddwn yn gweld Halle'n anhrugarog o bell. Ni wn a oeddwn wedi digwydd bwyta'n or-helaeth ai peidio, gan gofio fod yr Almaen-wyr yn arlwyo bord bur fras. Fodd bynnag, am un waith yr oeddwn yn dyheu am gael cyrraedd y gwesty ac ymgeledd preifat f'ystafell.

O'r diwedd cyrraedd cyrion Halle fel yr oedd hi'n tywyllu, a'r bws yn y man yn stopio wrth yr Hotel Stadt, gyda phob un ohonom ni'n llamu allan â'i gês i'w ganlyn. Gwesty pur newydd yw'r Stadt, un o'r rhai concrit uchel, uchel hynny. Wedi oedi'n anniddig wrth y ddesg i adael pasport a llenwi ffurflen neu ddwy, dyma gael yr allwedd i'm hystafell hir-ddisgwyliedig. Cydio yn fy nghês, i mewn i'r lifft, pwyso botwm y pumed llawr, heibio i ddrws ar ôl drws, aros gyferbyn ag ystafell 563, datgloi'r drws, i mewn â mi a chloi ar f'ôl. Gollwng y cês ar y llawr, ac i'r toiled heb oedi.

Lle modern, glanwaith a disglair. Sylwi, er hynny, mai seston yn bur uchel uwchben oedd yno, gyda chadwyn ar gyfer tynnu'r dŵr—cadwyn gromiwm hir anghyffredin, gryn bedair troedfedd mewn hyd.

Yng nghyflawnder yr amser, wele roi plwc sylweddol i'r gadwyn. Ond ar yr un eiliad yn union dyma glec aruthr a thrybedian uwch fy mhen, sŵn pethau'n ymfalu'n gyrbibion o'm cwmpas gyda chawod o ddŵr yn ymarllwys o'r uchelder. Sôn am Halle Orchestra!

Wedi cael rhyw drefn arnaf fy hunan, dyma fynd atii weld maint y llanastr ac i fwrw'r draul. Ar hyd llawr diferol y toiled yr oedd tameidiau o blastig teilchion ulw gyda darnau o fracedi a sgriws wedi'u sboriannu hyd bob man. Roedd y gadwyn gromiwm yn dorch ar y llawr, ac ynghlwm wrthi gwelwn delpyn solet o faint fflasg-goffi—clap trwm o haearn gyda gwefl o ledr ar ei waelod. Hwnnw, erbyn gweld, oedd y *plunger* yn y seston-ddŵr uwchben.

Roedd y plwc a roddais i'r gadwyn wedi bwrw'r caead o'i le, wedi halio'r plynjar yn glir o'i soced, wedi'i godi'n un crynswth allan o'i gafn, hwnnw wedyn wedi ymsaethu dros yr ymyl ac wedi taro pob un braced ary ffordd i lawr nes cyrraedd fy lefel i.

Am fod y plynjar wedi dod allan o'ile, roedd y dŵr yn dal i drochioni, wrth gwrs. Gan hynny, dyma godi'r telpyn metel a'i gynffon hir o gadwyn, rhoi un droed ar

27

ymyl y pan, codi'r droed arall yn uwch ar fin y basn-ymolchi gan weddïo na ddôi honno o'lle. Roedd y seston uchel braidd allan o'm gafael o hyd, ond ar ôl ymbalfalu'n acrobatig fe lwyddais i fedru gollwng y plynjar i'w le yn y cafn ac atal y dŵr rhag llifo.

Yna, fe glywn guro brwd ar fy nrws. Ei agor, a gweld Ifor yn sefyll yn ymholgar wedi clywed y twrw o'r ystafell agosaf. Pan sylwodd ar y llanastr, ni wnaeth lol o fath yn y byd, dim ond ffonio'r ddesg islaw am i'r plymar ddod i drwsio seston ystafell 563.

Ac felly y bu. A dyna ddiwedd y stori.

Ond fe allai diwedd arall fod i'r stori. Beth petai'r tel-pyn haearn hwnnw, wrth ddod i lawr o'r uchelion, wedi taro dyn yn ei benglog? Heb un os, fe allasai ergyd o'r fath fod yn farwol mor hawdd â dim. A dyna stori a fyddai honno! Gyda lle i bob math o ddyfaliadau. Ond byddai pob un yn gorfod gorffen gyda'r un un bwrdwn:

'Mewn toiled y daethpwyd o hyd iddo fo, mewn rhyw hotel fawr yn Halle . . .'

Llwybrau Calfin

Ar ôl oedi gyda Luther, yn hwyr neu'n hwyrach byddai codi trywydd Calfin yn anochel. Erbyn Medi 1985 yr oedd Ifor wedi trefnu ar gyfer ffilmio yn Noyon, am mai yno ym 1509 y ganed John Calfin.

Dinas fach hyfryd, i'r gogledd o Baris, yw Noyon, ger afon Oise yn ardal Picardi. Mae Eglwys Gadeiriol Notre Dame o'r ddeuddegfed ganrif yno o hyd, ac yn honno y byddai John Calfin yn arfer addoli fel llanc ifanc o Babydd.

Mae creithiau'r Rhyfel Mawr cyntaf yn ddychrynllyd o ddyfnion ym meini a phileri'r hen eglwys—effaith magnelau a fu'n ymchwalu arni o bob cyfeiriad. O sôn am hynny, y mae'r tir amaethyddol ym mröydd Picardi'n cynnwys nifer o fynwentydd milwyr lle plannwyd cannoedd o groesau gwynion unffurf yn rhes ar res. Mewn un llannerch wledig heb fod ymhell o Noyon, duon oedd y croesau bob un.

Ond o dramwy'n ôl sbel dros bedair canrif a hanner, fe gawn fod protest Martin Luther o'r Almaen wrthi'n siglo Ewrop gyfan. Yn Ffrainc roedd Gérard a Jeanne Cauvin wrthi'n siglo crud moethus eu baban, heb fawr feddwl y byddai'r bachgen hwnnw gyda'r blynyddoedd yn rhan o'r Brotestaniaeth fawr, a'r byd yn dod i'w adnabod fel John Calfin. Cyn bod yn 25 roedd Calfin wedi ymuno â'r Diwygwyr ym Mharis, a phen draw ei brotest ef oedd gorfod ffoi, ac o hynny ymlaen fe dorrodd bob cyswllt â Noyon ei febyd gan grwydro hwnt ac yma trwy ganolbarth Ffrainc. Crwydro ac efengylu yn ei ddull tra phendant ei hunan. A hefyd ysgrifennu'n doreithiog, gyda'r *Institutio* (sef Egwyddorion y Grefydd Gristionogol) yn ben-conglfaen i'w syniadau.

Am fod cymaint o erlid ar y Diwygwyr, erlid a oedd yn cynnwys arteithio a llosgi pobl (gan gofio nad oedd fawr o ddewis rhwng y naill ochr na'r llall mewn bwystfileiddiwch felly) fe'i cafodd Calfin ei hunan yn y Swistir, ac ar siawns hollol fe gyrhaeddodd Genefa. Yno, fe hawliodd William Farel ei gymorth i bregethu yn y ddinas, ac i ddarlithio ar y Beibl.

I gyfleu'r cyfnod hwn o'r hanes, fe gaed Trefor Selway i actio Farel, a David Lyn, Calfin. Profiad dryslyd oedd ffilmio mewn llecyn tawel ar lan Llyn Genefa. Y syniad oedd 'dal' Calfin yn rhwyfo'i gwch tua'r lanfa ar ôl bod yn ninas Bern mewn ymrafael diwinyddol â'i wrthwynebydd Pierre Caroli, Lausanne. Fel y döi'r cwch i dir, yr oedd Farel i estyn llaw er mwyn i Calfin gael camu ar y graean, ac yna'r ddau i gerdded y llwybr coediog dan drafod y dadlau a fu gydag awdurdodau Bern.

Rhaid cofio fod y ddau actor mewn barfau llaesion, ac wedi'u gwisgo'n berffaith â chapiau, cotiau ac esgidiau'r unfed ganrif ar bymtheg. Eto, mynnai'r ugeinfed ganrif fradychu'r olygfa dro ar ôl tro. Bob hyn a hyn clywid rhuthr y trên cyflym oddi draw. Yna, fe dorrid ar y tawelwch, un ai gan rwndi peiriant-torri-gwellt rhyw ŵr goludog, neu gwich-modur un arall yn plycian heibio ar y dŵr. Ond y mwyaf trafferthus o'r cyfan oedd yr ysbeidiau tri-munud hynny pan ddôi'r naill awyren-jet ar ôl y llall o bellafoedd daear tua maes-awyr Genefa. Roedd eu llwybr glanio'n union uwch-ben y llyn, gan basio'n isel iawn, iawn ger y llecyn lle'r oeddem ni, gyda'u peiriannau byddarol. Druain o'r actorion. Ni fu erioed ganrif mor swnllyd â'r ugeinfed hon . . .

I gamu yn ôl unwaith eto i'r hanes, gwnaeth Calfin argraff aruthrol ar Lywodraeth Genefa, yn gymaint yn y diwedd nes herio'r arweinwyr yn rhy daer, ac i'r rheini yn y man orchymyn iddo ymadael â'u dinas. Yn yr union gyfwng hwnnw y cafodd wahoddiad gan Martin Bucer i lafurio yn Strasbourg.

Heddiw, mae Strasbourg yn fyd-enwog am mai yno y mae adeilad Senedd Ewrop, sydd â'i bensaernïaeth holl-fodern yn cymryd gwynt dyn yn lân. Ond wrth droi i mewn i Eglwys Sant Thomas lle bu Calfin yn gweinidogaethu, cefais fy llygad-dynnu gan offeryn ar yr ochr chwith, organ a adeiladwyd gan Gottfried Silbermann, crefftwr amlwg yn yr Almaen yn nechrau'r ddeunawfed ganrif. Roedd henaint ardderchog o gwmpas yr organ, gyda phedalau i'r traed a thri bwrdd i'r bysedd. Nid ar hytraws yr offeryn hwn y tynnid y bodiau ar gyfer gwahanol seiniau, ond o'r top i'r gwaelod, a hynny ar aswy a de'r organydd. Difyr hefyd oedd darllen yr enwau ar bob bodyn: *Montre, Trompette, Voix Humaine, Clairon, Tremblant* a niïer eraill.

Mewn ffrâm ar bwys yr organ hon yr oedd copi o

lythyr a anfonodd Mozart at ei dad ar Hydref 26ain 1778, lle mae'n sôn am ei arhosiad yn Strasbourg:

J'ai joué en public sur les orgues Silbermann, les meilleures d'ici, dans l'Eglise Lutherienne du Temple Neuf et dans l'Eglise Saint Thomas . . .

Yn eglwys Sant Thomas hefyd y byddai Schweitzer fawr yn ymarfer ar yr organ, a'r noson cyn i ni gyrraedd yr oedd yno gyngerdd wedi'i drefnu gan gymdeithas o edmygwyr yr athrylith a aeth i Lambarene. Ar docyn a welais ar sedd, y mae'r geiriau *Association Française des Amis d'Albert Schweitzer. CONCERT A. SCHWEIT-ZER. 6 septembre 1985 à 20 h. 30.* Pris y tocyn oedd pum ffranc.

Wrth ogordroi mewn adain dawel o'r adeilad, er syndod, gwelwn ddwy arch yn gorffwys ar bedestal, a'r hynodrwydd oedd fod caead gwydr arnyn nhw. Gan fod chwilfrydedd y byw mor ysol ynghylch y marw, bûm yn syllu'n hir uwch eu pennau gan ddarllen eu hanes ar y cerdyn gerllaw. Mewn seler yn yr eglwys y daethpwyd o hyd i'r eirch, a dyfelir mai geneth fach yn perthyn i deulu'r aristocrasi oedd yn yr arch leiaf. Trwy'r gwydr gwelwn nad oedd dim ôl o'r plentyn ond ffrâm a phenglog lygadrwth. Eto roedd y wisg werdd a'r esgidiau trwynfain wedi cadw'n ddilychwin, a'r modrwyau bellach yn lleicion am esgyrn o fysedd.

Roedd yr arch arall yn enfawr, ac yn gorwedd ynddi yr oedd palff o ddyn, ei siaced o felyn tywyll wedi'i chau gyda rhes hir, hir o fotymau. Am y dwylo yr oedd menyg *gauntlet* a'r esgidiau'n cyrraedd at y pen-gliniau. Count Gustavus Adolphus o Nassau-Saarbrüken oedd y gŵr hwn, wedi'i eni ar Fawrth 27ain 1632, a marw ar Hydref 9fed 1677. Yn ôl y cerdyn, milwr pump a deugain oed oedd Adolphus; mewn brwydr yn Kochersberg ger Strasbourg cafodd ei glwyfo'n ddwys, gan anaf a brofodd yn farwol iddo cyn pen deuddydd arall. Cafodd ei gorff ei drin â chemegau arbennig, a'i roi yn yr arch gaead-gwydr. Ni wn pa falm a roed arno ym 1677, ond yr oedd yr wyneb, gan gynnwys archoll neu ddwy, mor naturiol a gwridog a llawn â phe bai wedi digwydd y dydd y syllwn arno ym 1985. Tri chan mlynedd wedi pasio, a minnau'n rhodio ymysg y meirw. Profiad eithaf macabr, yn wir.

Yn yr un eglwys yn union yn Strasbourg y cafodd John Calfin dymor gweithgar ryfeddol, gan osod ei ddisgyblaeth nodweddiadol lem ar yr aelodau a'r dinasyddion oll. Eto, o ganol ei lwyddiant, fe'i galwyd yn ôl i weinidogaethu yn ninas Genefa. Aeth yno wedi peth petruso. Ond cyn pen dim yr oedd Calfin a'i grefydd ddeddfol a chwyrn wedi dod yn rym ysgubol mewn byd ac eglwys yng Ngenefa.

Fel y gwyddys, mae Genefa'n lle glanwaith a gwaraidd iawn. Draw yn y pellter, fe saif Mont Blanc a'i gopa o dan eira bythol. Yn yr harbwr ar gwr y llyn yr ymsaetha'r golofn ddŵr enwog honno i'r awyr, y *jet d'eau* sy'n tasgu at uchder o ganllath a hanner, meddir.

Ond i mi, y sobrwydd mawr yng Ngenefa yw'r garreg a godwyd ar waelod gallt Michel-Servet. Yn y llecyn hwnnw y cafodd y Sbaenwr galluog, Servetus, ei losgi am groesddadlau ynghylch Athrawiaeth y Drindod. Ar Hydref 27ain 1533 y digwyddodd enbydrwydd o'r fath.

Er bod John Calfin yn y fan a'r lle yn delio â Servetus, ni fyddwn yn deg yn mynnu mai Calfin a losgodd y meddyg o Sbaen. Ond wedyn, yr oedd Calfin yn fodlon bod yn rhan o gyfnod ac o system pan gytunai'r eglwys yn rhwydd ag arteithio pobl, ac â llosgi pob heretic. Calfin! Calfin!

Ar ôl ceisio'n deg ddirnad dwy ochr pethau, ni allaf ddeall Eglwys Crist yn cosbi neb mor ddieflig o anhrugarog â hynny, nid o dan unrhyw amgylchiad, ni waeth beth y bo. A'r unig ateb a welaf yw mai *crefydd*—nid Crist—sy'n cyflawni dialeddau tywyll o'r fath. Er bythol gywilydd, y mae hynny wedi digwydd gannoedd o weithiau, fel llosgi'r mynach Savonarola yn Fflorens, llosgi'r Esgob Ferrar yng Nghaerfyrddin, dienyddio John Penry, llibindio Galileo Galilei . . . . Ysywaeth, yr oedd a wnelo *crefyddwyr* â'r holl greulonderau yna.

Mae'n amlwg, felly, fod crefydd yn medru gweithredu mileindra o'r fath. Ond ni allaf ddychmygu am Grist yn medru felly. Roedd Mahatma Gandhi'n bur agos i'w le pan ddywedodd wrth arweinwyr yn Llundain: 'Rwy'n hoff o'ch Crist, ond nid o'ch Cristionogaeth.'

Rwy'n sefyll eto wrth y garreg honno sydd ar waelod yr allt yn ardal Champel. Mae tair ffordd yn cwrdd yno, Avenue de la Roseraie, Avenue de Beau-Séjour a Rue Michel-Servet. (Nid yw 'Michel-Servet' ond enw'r Ffrancwr ar y Servetus condemniedig hwnnw.) Ond y mae eiliw bychan o galondid wrth ddarllen yr hyn a roed ar y maen yng nghysgod y goeden fasarn. Fe'i gosodwyd yno ym 1903 gan Brotestaniaid Ffrainc a'r Swistir, a hynny, medd yr arysgrif, fel math o iawndal i Servetus am y camwri a wnaed ag ef ganrifoedd cyn hynny.

Bendith arnyn nhw am fod yn ddigon gwylaidd i gydnabod eu bai ac i newid eu barn. Onid damwain ydyw i ddyn gael ei eni'n Galfiniad, dyweder, neu'n Annibynnwr, yn Eglwyswr, yn Babydd neu'n bagan? Neu'n ddidduw, o ran hynny. Fel arfer, pan ddigwydd damwain, byddwn yn ofalus iawn i chwilio a chwalu am ei hachos, rhag iddi beri anaf arall. Am ryw reswm, y mae pobl yn gyndyn i wneud unpeth ynglŷn â damwain eu crefydd. Ond tybed nad yw'n llawn bryd inni godi carreg enfawr, a'i gosod ar ben Calfaria am y camwri a wnaethom ninnau un pnawn Gwener gwallgof?

★

★

★

★

33

Ni chofiaf oddi ar ba stondin y codais y llyfr ail-law hwnnw, dim ond mai swllt a delais amdano, a bod amser maith yn ôl ers hynny bellach. Ail-argraffiad ydyw (ond heb ddyddiad arno) gan Wasg W. M. Watts, 80 Gray's-Inn Road, London. Ar y clawr y mae a ganlyn: *Our Lord's Prayer in One Hundred Different Languages, compiled by S. Apostolides*. O dan hynny wedyn ceir yr adnod: *And how hear we every man in our own tongue wherein we were born?* — Acts 2. 8.

Pan ddeuthum yn weinidog i'w bro ym 1960, disgybl yn Ysgol Ardudwy oedd Elizabeth Wyn, merch Orwig a Gwen Ellis, Regent House, Penrhyndeudraeth. Daeth Liz yn rhugl mewn Ffrangeg, a chyn bo hir iawn cafodd swydd yn ninas Genefa. Yng nghwrs y blynyddoedd daeth ar ymweliad â Chymru yng nghwmni Eidalwr golygus o'r enw Dino Sommaro, gyda'r amcan o'i briodi yng nghapel Gorffwysfa, cyn i'r ddau droi yn ôl ac ymgartrefu yng Ngenefa.

Gan na fedrai Dino ddim Cymraeg (na Saesneg o bwys) mewn Ffrangeg y siaradai'r ddau gariad. Wrth feddwl am Dino'n estron yn y Penrhyn, ac mor bell o wlad ei febyd, cofiais am y llyfr hwnnw lle'r oedd Gweddi'r Arglwydd mewn can iaith, ac ar fore priodas y ddau mentrais ddarllen y Pader mewn Eidaleg, yr iaith fwyaf persain y gwn i amdani: *Padre nostro che sei ne' cieli, sia santificato il tuo nome . . .*

Wedi'r gwasanaeth, cofiaf i Dino droi ataf, a sibrwd un gair Ffrangeg gyda gwên foddhaus: 'Formidable.'

Aeth pymntheng mlynedd lawn heibio ers hynny. A'r llynedd, wrth godi trywydd John Calfin yn ninas Genefa, un gorchwyl gennyf bob min hwyr wedi dychwelyd i'r Hôtel Adriatica (yng ngolwg maen-coffa Servetus, gyda llaw) oedd teleffonio aelwyd Elizabeth Wyn a Dino Sommaro. Ond er deialu'n daer am bum nos yn olynol, mi fethais yn deg â chael ateb o'r Résidence Apollo, 8 av. Adrien-Jeandin. Wedi dod adre'n ôl i Gymru, eironig oedd deall eu bod hwy a'r plant yn digwydd bod i ffwrdd ar wyliau ar yr un dyddiau'n union. Y fath gyd-ddigwyddiad chwithig!

Mae'n debyg y byddai John Calfin wedi ymateb i siom felly gyda bytheiriad tra lliwgar o Ffrangeg, ond o'r mymryn a feddaf i o'r iaith honno, bodlonaf yn unig ar *C'est la vie!* Neu, efallai, ar bedeirsill yr Eidalwr, *Che peccato!*

Teulu Keeling

1930 oedd y flwyddyn. Capel King's Cross oedd y lle. R. T. Jenkins oedd y darlithydd. A'r pwnc oedd 'Owen Morgan Edwards'. Ar y noson honno o Chwefror, wrth annerch Cymry Llundain, mynegodd R. T. Jenkins gymaint yr oedd yn edrych ymlaen at weld y cofiant yr oedd W. J. Gruffydd yn ei baratoi ar O. M. Edwards.

Erbyn 1937, yr oedd y cofiant hir-ddisgwyliedig allan o'r wasg. Yn y rhagair, cawn fod W. J. Gruffydd yn esbonio mai rhan gyntaf yn unig oedd y gyfrol honno, ac y byddai R. T. Jenkins yn sgrifennu'r ail gyfrol cyn bo hir. Rhwng gofalon trymion gyda golygu'r *Bywgraffiadur Cymreig*, methodd R. T. Jenkins â chyflawni'r dasg arall, ac er bwriadu teg, ni welwyd mo'r ail gyfrol honno.

Eithr cofiant ardderchog yw'r rhan gyntaf gan W. J. Gruffydd, ac o bryd i'w gilydd rwyf wedi pori'n helaeth rhwng y dalennau hynny. Yn ystod un gwanwyn yn ddiweddar, yr oeddwn yn gweithio mymryn ar hanes O. M. Edwards, ac wrth ddarllen ei lyfrau, fe ryfeddais o'r newydd at wybodaeth a llafur enfawr y gŵr o Goed-y-pry. Ar berwyl felly, roedd yn rhaid troi at y cofiant unwaith eto, ac wele ddilyn hanes Owen Edwards yn ysgolion pentre Llanuwchllyn, yna'n mynd i ysgol Tŷ-tan-domen yn nhre'r Bala, ac wedyn i'r coleg yn y dreflan honno. O'r diwedd, gydag O. M. yn cyrraedd coleg y Brifysgol, ac wrth ddarllen yr hanes hwnnw, dyma ddod ar draws brawddeg a'm siglodd yn rhyf-eddol. Brawddeg a aeth â mi ar fy mhen i ddinas Athen rai blynyddoedd ynghynt . . .

Roeddem ni wrthi'n gorffen brecwast yn Hotel Jason pan ddaeth Groegwr atom ni o'r stryd, fel petai, gŵr main o gorff a thrwsiadus ei wisg a'i wedd. Fe'i cyf-lwynodd ei hunan inni fel Ianis, gan egluro mai efô a fyddai'n cydymaith ni am yr wythnos.

Ac felly y daeth Ianis yn rhan annatod (a hanfodol) o'n bywyd dros y dyddiau hynny. Pan oeddem ni mewn trafferth gyda banc neu siop neu gaffi, byddai Ianis yn wastadol wrth law, yn barod i gyfieithu ac i esbonio ar ein rhan. Hyd yn oed i eiriol drosom unwaith neu ddwy! Wrth yrru ar draws anialdiroedd poethion, byddai Ianis wrthi'n sôn am gynnyrch y wlad, ei pherllannau olewydd a'i gwinllannoedd. Oedi yn adfeilion Corinth, a Ianis yn disgrifio cyfnod y Rhufeiniaid. Anelu wedyn am y theatr fawr yn Epidawros, bedd Agamemnon ym Mycenae, a Ianis yn huawdl ar hanes a chwedloniaeth y Groegiaid.

Eto, yr oedd un peth o'i gwmpas na fedrwn ei gysoni. Ei Saesneg oedd hynny, Saesneg llifeiriol heb ias o acen dro'n y Groegiaid. Un pnawn ar egwyl dawel, gof-ynnais i Ianis beth oedd ei gyfenw. A'r ateb oedd 'Keeling'. Wel! Roeddwn wedi disgwyl clywed rhyw-beth tebyg i Andronikos neu Papadopoulos, a phan awgrymais nad oedd i 'Keeling' sŵn Groegaidd, cytun-odd Ianis yn rhwydd gan esbonio fod ei hynafiaid wedi hwylio o le bychan o'r enw 'Aberystwyth', am ddinas Lerpwl; bod ei dad wedi priodi Aifft-Roeges, a'i fod yntau, Ianis, yn byw yn Athen. Ychwanegodd wedyn ei fod yn tybio fod yna garreg fedd rywle yng nghwm-pasoedd Aberystwyth gyda'r enw 'Keeling' arni. Roedd ei stori'n eithaf tebyg i un o'r chwedlau Groeg-aidd, gynt . . .

Ond yn ôl â ni unwaith eto at y gwanwyn hwnnw pan oeddwn yn darllen *Cofiant* W. J. Gruffydd, a dod ar draws y frawddeg honno a'm siglodd mor rhyfeddol. Sôn y mae'r paragraff am Owen Edwards yn mynd i goleg y Brifysgol yn Aberystwyth, ac wele'r frawddeg:

Aeth i aros at Miss Keeling yn 1, Sea View Place.

Roedd yr enw 'Keeling' yn dawnsio o flaen fy llygaid ac yn canu trwy'r meddwl fel bod yn rhaid ceisio'i gawellu. Ac erbyn heddiw, trwy garedigrwydd maith rheithor Llanbadarn Fawr, y Parchedig Hywel Jones, ynghyd â'r athro-hanesydd Albert Gilbey, cefais y wybodaeth a ganlyn: fod cofrestr yn Llanbadarn yn nodi enwau pump o deulu Keeling rhwng 1849 a 1865, a bod tri beddfaen yn y fynwent sy'n ddarllenadwy hyd heddiw. Roedd un o'r teulu Keeling yn saer maen, un yn glarc twrne, un yn groser, a Mary yn '*bonnet maker*'. Erbyn 1871, yr unig Keeling y ceir cyfrif amdano yn Aberystwyth yw Elizabeth, ysgolfeistres oedd yn byw yn 1, Sea View Place, yn wraig tua thrigain oed erbyn hynny.

Pan aeth Owen Edwards i'r Brifysgol yn Aberystwyth, gyda'r union Miss Keeling uchod yr oedd yn lletya. Y flwyddyn oedd 1880. Ym 1981 yn ninas Athen y bu i minnau daro'n gwbl ddamweiniol ar Ianis a'i stori ryfedd. Can mlynedd a mwy wedi pasio rhwng dau Keeling. Ac allwedd O. M. Edwards yn llacio'r clo.

Fy nhasg nesaf fydd ceisio dod o hyd i Ianis yng ngwlad Groeg, a dweud yr hanes wrtho. Ys gwn i?

Dilyn O. M. Edwards

O grybwyll ei enw fwy nag unwaith eisoes, beth am droi tua gwlad yr 'Italiaid', chwedl yntau, a bras ganlyn yr athrylith o Goed-y-pry ar ei drafael. Yn y flwyddyn 1887 y bu hynny, ac wrth grwydro fe sgrifennodd y llyfr taith gorchestol hwnnw, *Tro yn yr Eidal*. Prin y gellid methu gyda'r fath ddefnydd o'r ddeutu: yr Eidal yn hoelen wyth o wlad, ac O. M. yn hoelen wyth o syl-wedydd.

Cyrhaeddodd ef ddinas Twrin mewn trên, a hithau'n noson oer o Chwefror. Fis Mai, agos i gan mlynedd yn ddiweddarach, nos oedd hi arnom ninnau hefyd, a'r awyren yn glanio mewn glaw. Wedi'n profi gan wŷr y tollau ac anelu am y porth, safodd Eidalwr ifanc o'n blaen mewn siwt lasliw gyda'r enw VIGO ar y llabed. Fe'i cyflwynodd ei hunan inni fel Jackson Vasina, gan egluro'i fod wedi ei anfon yno dros Gwmni Bysiau Vigo ac mai ef a fyddai'n ein cludo ar draws yr Eidal gydol ein hymweliad.

Ymhen diwrnod neu ddau, wedi dod i adnabod y gyrrwr yn well, mentrais holi ynghylch ei enw cyntaf oedd yn swnio mor an-Eidalaidd. Chwarddodd yn fyrlymus gan esbonio wrthyf i'w dad, Aldo Vasina, fod yn focsiwr ar un adeg. Un noson, wedi cael curfa yn y ring, dyma'i dad yn penderfynu rhoi enw'r paffiwr a'i gorchfygodd ar ei faban ei hunan. Er na fedrais ddilyn rhesymeg peth o'r fath, mae'n aros mai dyna pam y bedyddiwyd ein gyrrwr ni yn 'Jackson'!

Gellir sôn am Twrin, bid siŵr, fel dinas moduron Fiat. Yn wir, mae'r amgueddfa sydd gan Fiat o'r hen gerbydau gynt yn gwbl gyfareddol gydag enwau fel a ganlyn yn eu talcennau: Fiat (wrth gwrs), Lancia, Renault, Citroën, Bianchi, Delage, Opel, Adler, Itala, Storero, Scat Ceirano, Alfa Romeo—hyd yn oed Austin 7 1932, a fu'n eiddo i ryw Signor Moncalvi, yn ôl y cerdyn ar ei wydr.

Gellir sôn am Twrin hefyd fel y ddinas a hudodd y Cymro, John Charles, at dîm pêl-droed Juventus. Un noson, wedi pryd mewn *trattoria* bychan, cawsom ein llethu yn y stryd gan ffrwd ddi-dor o gerbydau gyda miloedd o Eidalwyr ar y palmentydd. Baneri'n cyhwfan gan bob un, y moduron yn seinio'u cyrn heb dewi eiliad, a hynny ym mhob heol y troem iddi. Roedd yn llwyr amhosibl cynnal sgwrs oherwydd y dadwrdd, ac ni chawsom esboniad ar y pandemoniwm nes cyrraedd tawelwch y gwesty: roedd Juventus newydd guro tîm Porto'r noson honno ac, ar awr buddugoliaeth o'r fath, arfer y ddinas yw ffrwydro mewn dathliad o'r swn mwyaf cynddeiriog.

Ond rheswm gwahanol iawn oedd gan O. M. Edwards wrth ymweld â dinas Twrin, sef cyrraedd nythle'r Mudiad Cenedlaethol oedd wedi uno'r Eidal oll ym 1860. Roedd y nyth yn dal yn gynnes pan gyrhaeddodd yno ym 1887, gyda'g enwau'r arwyr yn llond y gwynt: y brenin Vittorio Emanuelle yr Ail, y diplomat Cavour, y gweledydd Mazzini, a'r cad-filwr Garibaldi. Gwelir cofebau enfawr i'r cewri hyn ar sgwarau'r ddinas.

Profiad hapus i ni oedd dod o hyd i'r union westy lle bu O. M. yn aros ganrif yn ôl, y Dogana Vecchia (yr Hen Dolldy) sydd ar y Via Corte D'Appello. Yno, yn ôl ei lyfr, y tybiodd iddo weld ysbryd Machiavelli mewn cornel o'r llofft. O glywed yr hanes hwn gennym, mynnodd perchennog y gwesty inni sgrifennu cyfieithiad iddo o'r stori honno sydd yn y gyfrol *Tro yn yr Eidal*, er cof am ymweliad y Cymry â'r Dogana Vecchia.

Wrth ddilyn camre O. M. Edwards trwy strydoedd 'Rhufeinig' y ddinas, a'i hadeiladau synfawr o gedyrn, daethom at Eglwys Ioan Fedyddiwr lle cedwir 'Amdo Twrin', sef y lliain yr honnir i Grist gael ei lapio ynddo wedi'r croeshoeliad. Mae hanes yr amdo a'r archwilio fforensig a fu ar rannau ohoni yn gyffrous a chyfrin. Nid lliain wedi'i beintio ydyw, medd rhai arbenigwyr, gan fod y staen sy'n ei ddefnydd yn chwys ac yn waed dynol di-ddadl; hawlir hefyd fod y nodau arno'n profi'n ben-dant mai gŵr wedi dioddef artaith lem a lapiwyd yn yr amdo. Fel Thomas gynt, ni wn beth i'w gredu . . .

Ond yr oedd teithiwr Llanuwchllyn bellach wedi symud tua'r de, ac felly y daethom ninnau i olwg porth-ladd enwog Genoa, lle'r oedd troellwynt yn sugno'r tonnau'n wallitiau gwynion i'r awyr ar hyd a lled y bae. Ni buom yn hir cyn ei ddilyn i lawr y grisiau cyfyng hynny sy'n arwain i greirfa arian yn selerydd eglwys San Lorenzo. Y stori yw fod Milwyr y Groes wrth ryfela yng Ngwlad yr Addewid wedi lladrata esgyrn Ioan Fedyddiwr, a'u cladd u yn y gadeirlan hon. Yno hefyd y dangoswyd inni law Anna a braich Iago'n felyn fel memrwn yn eu blwch gwydr.

Rhythu wedyn ar y Greal Santaidd, a ddisgrifir fel hyn gan O. M. Edwards:

Yno hefyd y mae darn o wydr gwyrddlas ag y mae dychymyg y byd am ganrifoedd wedi bod yn chware o'i amgylch . . . Darn ydyw o goron Lucifer, mab y wawrddydd, a syrthiodd o'r nefoedd gydag ef; daeth brenhines Seba ag ef yn anrheg i Solomon; oddiarno ef y bwytaodd Crist a'i ddisgyblion eu pasg olaf yn yr oruwchystafell honno yng Nghaersalem; a bu Joseph o Arimathea yn ei ddal dan y gwaed a lifai o ystlys friw yr Iesu ar Galfaria. Darn o goron y gelyn yn dal gwaed y cymod! Y San Grâl ydyw.

Gwelsom ninnau'r plât gwyrddlas hwnnw ar osgo, gyda chrac amlwg ynddo. Go brin fod gwifren o drydan byw (fel heddiw) yn ei warchod pan oedd O. M. yn edrych arno. Ond dyma'i ddyfarniad celain ynghylch y San Grâl, chwedl yntau:

Nid ydyw ond darn o wydr gwyrdd, ac nid yw ei hanes ond breuddwyd di-sail rhyw fynach ofergoelus.

Yn Genoa (ym 1451) y ganed Christopher Columbus ac, fel y gellid disgwyl, mae sawl cofeb i'r morwr mentrus hwnnw, gyda gerddi llawen lle plannwyd blodau i dyfu ar ffurf llongau ac angorion, yn ôl ffansi ac artistri aflonydd yr Eidalwyr. Mewn amgueddfa gyfagos gwelais ffiol ac ynddi lwch glasaidd, llwch Columbus, meddid i mi. (Y foment honno daeth i'm cof ryfeddu at y cerflun ohono ar sgwâr Granada yn Sbaen, lle mae Columbus yn erfyn ar y Frenhines Isabella am gefnogaeth ynglŷn â sgawt forwrol arall oedd yn ei fryd.)

Pnawn cofiadwy oedd dilyn y blismones honno trwy ddrysau trwchus y Palazzo Tursi, plas sy'n neuadd drefol Genoa erbyn heddiw. (Brawddeg dreiddgar yw honno gan O.M.E.: 'Nid ydyw unigrwydd adfeilion yn ddim wrth unigrwydd palasau Genoa.' Sylwodd yn gynnar fel y daeth yn dro ar fyd ar yr uchel dras, fel y gwyddom ninnau erbyn heddiw.) Sut bynnag, dyma'r blismones yn cyrraedd at ystafell dra godidog, yn datgloi cwpwrdd yn y mur, yn agor ei ddrws, a chan bwyll mawr yn tynnu allan feiolin Nicolo Paganini, y bachgen tlawd o'r ddinas a ddaeth yn bencampwr ar ganu'r offeryn hwnnw, cyn marw ym 1840. Roedd y teulu Amati'n enwog fel crefftwyr feiolin, heb sôn am deulu Stradivari. Ond crefftwyr teulu Guarneri a saerniodd offeryn Paganini.

I O. M. Edwards, arwr mawr Genoa oedd Guiseppe Mazzini, a aned yn y ddinas ym 1805, a'i gladdu ym 1872. Wedi llwyddo i ddringo'r fynwent lethrog ac edrych ar y bedd, fel hyn yr ysgrifennodd y gŵr o Goed-y-pry:

Dynion mawr yr Eidal oedd Garibaldi a Cavour a Victor Emanuel; y mae Mazzini'n un o ddynion mawr y byd.

Wrth i ni chwilio am fan gorffwys yr hen wron, daeth swyddog o'r heddlu i'n harwain ar ei foto-beic Guzzi trwy dryblith ffyrdd y fynwent, a ninnau'n ei ddilyn nes cyrraedd capel o feddrod ar deras uchel yn y coed.

41

Mynwent Staglieno

Rwyf wedi gweinyddu ar hyd a lled Cymru mewn ugeiniau o fynwentydd bellach. Wedi sefyllian mewn nifer da ohonyn nhw ar gyfandir Ewrop hefyd. Ond ar ôl ymweld â chladdfa Guiseppe Mazzini yn Genoa, mae honno'n dal i fwydro fy mhen am na wn am unpeth tebyg iddi yn unman. Enw'r fynwent yw Staglieno.

Dyna'r gladdfa fwyaf a welais erioed yn fy mywyd. Yng nghwrt eang y fynedfa, mae yna sawl caffi, maes parcio a rhes o siopau'n gwerthu ffiolau, canhwyllau, blodau a chardiau, gyda'r cyfan oll, a mwy, ar gyfer gal-arwyr ac ymwelwyr. Mae'r fynwent yn aceri lawer o dir o'r gwastad ger afon Bisagno ac yn codi'n lefel ar ôl lefel i fyny tua'r llethrau a'r coed. Maen nhw'n dweud fod dros naw can mil o feddau yn Staglieno, a'r rheini'n gerfiadau gorwych.

Gwelir bedd ar ôl bedd yn reiat o flodau a thorch ar ôl torch, gyda llusernau cochion yn goleuo arnyn nhw i ryw ddiben. Ar nifer helaeth o'r beddfeini fe geir ffoto-graff mewn porslen o'r sawl a gladdwyd. Mae llawer claddfan yn Staglieno'n adeilad ynddo'i hunan, yn deml fechan bilerog, gyda ambell deulu wedi gosod clo ar borth y bedd. Wrth syllu'n anghredadun ar beth felly, tybiais imi weld Angau Gawr yn ymrithio rhwng y pileri, yntau hefyd yn gwagrythu ar y clo-clap pitw. Ddwedodd o'r un gair, dim ond cilwenu'n oeraidd.

Heb os, roedd crwydro mynwent Staglieno'n brofiad oedd yn sobreiddio dyn.

★　　　★　　　★　　　★

Y dydd o'r blaen, ar bnawn heulog o Hydref, roeddwn i mewn mynwent arall, mynwent fechan, fach Llangwnnadl yn nhawelwch gwlad Llŷn, gyda chryn hanner cant ohonom yn hebrwng Modryb Margiad, chwaer Mam. Ar ddiwedd y gwasanaeth daeth gŵr penwyn, glandeg ataf a dweud. 'Rydw i'n cofio amser d'eni di'n iawn. Ac mi fyddwn yn galw'n amal ym Mhen-y-gongol.' (Cartref fy mam oedd Pen-y-gongol, gwta filltir o'r llan.)

Wrth i'r sgwrs fynd rhagddi, dyma ddeall gan y gŵr rhadlon hwnnw ei fod dros bedwar ugain oed, mai'i enw oedd Alfred Pozzi, a'i fod wedi byw ym Mhen-yr-orsedd, tyddyn heb fod ymhell o Ben-y-gongol. (Ie, Pozzi oedd yr enw. 'Potsi' fyddai'r ynganiad Eidalaidd, mae'n debyg, ond ar dafod trigolion Llŷn, y sain ddifeth yw 'Posi'.)

'Dwêd i mi,' meddai Alfred, 'wyt ti'n cofio'r hanes am Jerri, dy dad, a 'mrawd, Antw, ar y môr ers talwm?'

Oeddwn, yr oeddwn yn cofio'r hanes yn dda, a 'Nhad wedi adrodd y stori droeon wrth hwn ac arall ar yr aelwyd gynt. Adeg y Rhyfel Mawr Cyntaf oedd hi, a 'Nhad ac Antw (Anthony neu Antonio) Pozzi yn y llynges fasnach. Ar y pryd, roedden nhw'n digwydd bod gartref am egwyl, a'r ddau yn edrych ymlaen yn arw at fynd i Ffair Fawr Sarn oedd i fod ymhen ychydig

ddyddiau. Ond wele deligram yn cyrraedd gyda gor-
chymyn i'r ddau deithio ar fyrder i Falmouth ac ymuno
â'r llong *Ionian*. A dyna golli Ffair Sarn, a hithau mor
agos. (Mae fersiwn Jac, fy mrawd, i'w gael yn ei gyfrol
Pigau'r Sêr.)

Sut bynnag, byddai 'Nhad yn cymryd awr a mwy i
fynd drwy'r stori hon gan fanylu ynghylch yr *Ionian*
yn hwylio allan ddiwedd pnawn o Falmouth, a sut y bu
iddi gael ergyd farwol gan dorpedo a'i suddodd yn y
fan a'r lle mewn dim o dro. Fel saer coed y llong,
byddai'n gwamal-edliw 'fod fy nghist-dŵls i yng
ngwaelod y môr yn fan'no hyd heddiw!'

Yn dilyn ffrwydrad a ffwndwr y torpedo fe gollodd
bob golwg ar ei gyfaill, Antw, Pen-yr-orsedd. Fodd
bynnag, erbyn hynny roedd cwch a'i lond o forwyr yng
ngofal fy nhad, a'r flaenoriaeth fawr bellach oedd
llywio hwnnw'n ddiogel yn y dyfroedd mawr a'r ton-
nau. Roedd hi'n nosi'n gyflym, y môr yn ymgorddi, a'r
criw yn ei gwch ef yn pwyso ar fy nhad i dynnu am y
lan. Ond fel cychwr oedd wedi arfer gyda pheryglon
creigiau Llŷn, dewisodd yntau gadw'r cwch yn
wynebu tonnau'r nos rhag ofn iddyn nhw gael eu
hysgubo'n ddall gan y llif a'u dryllio ar greigiau dieithr.

Darn arswydus yn y stori oedd hwnnw am y cwch
wedi'i ddal rhwng dwy don enfawr, ei dynnu'n serth
dros yr ewyn uchel ac yna'i sugno gerfydd ei drwyn yn
unionsyth i lawr y cafn yn ochr arall y don. 'Roedd pawb
yn cydio fel gelan,' meddai 'Nhad, 'a finna wrth y tilar
yn hongian yn llythrennol. 'Wn i ddim eto sut na fasa'r
cwch hwnnw wedi troi drosodd. Ond anghofia' i byth
yr eiliada' hynny. A'r hogia'n bloeddio. Dyna'r waedd
fwya' dychrynllyd glywais i erioed, ac a glywa' i byth,
gobeithio . . .',

Pen draw y noson stormus honno oedd i 'Nhad gael
ei griw i'r lan o'r diwedd maith, a hynny ym 'Milford-
hafn', chwedl yntau. Sef Aberdaugleddau.

Wedi ymgeledd yng Nghartre'r Morwyr, aeth fy nhad allan i holi hynt cychod eraill yr *Ionian*, ond nid oedd gyfrif am neb. Yn ddiweddarach, aeth i lawr tua'r harbwr eto, yn lled bryderus erbyn hyn. Toc, gwelodd fintai o ddynion yn dod i'w gyfarfod, ac o ganol y criw dyma lais yn bloeddio mewn Cymraeg glân gloyw:

'Jerri! 'Tawn i'n marw, mi gawn Ffair Sarn eto, was!'

★ ★ ★ ★

Mae'n rhaid bod yr ymadrodd yna wedi mynd yn rhan o lên teulu, canys ar y pnawn hwnnw o Hydref ym mynwent Llangwnnadl yr oedd Alfred Pozzi'n dyfynnu union frawddeg ei frawd Antw ym 'Milfford-hafn', ei dyfynnu air am air, er bod trigain mlynedd a throsodd wedi pasio ers hynny.

Ond yr oedd gennyf gwestiwn i'w ofyn i Alfred: o ble ddaeth y Pozzi gwreiddiol i Ben Llŷn? 'O, mi ddaeth y Pozzi cynta' i Gymru ar greigia' Moelfre yn sir Fôn,' meddai Alfred. 'Mi ges i ar ddallt ei fod o'n un o'r rheini gafodd ei achub pan aeth y *Royal Charter* i lawr.' Eglurodd wedyn i'r Pozzi hwnnw lwyddo mewn busnes dodrefn yn ninas Bangor, ac i Charles, un o'i blant, ddod i wlad Llŷn i werthu llestri. Yno, fe ymbriododd ag Elin, Pen-yr-orsedd, a phery'r teulu Pozzi ym Mhen Llŷn hyd heddiw.

Roedd gennyf un cwestiwn arall i Alfred: beth a ddaeth o'i frawd, Antw? 'Wel', meddai Alfred, 'ar un fordaith mi gafodd Antw y ffliw fawr honno tua diwedd y rhyfel, a mi fuo' farw ar y môr, fachgan. Mi gafodd ei gladdu yn Genoa—mewn mynwent fawr gynddeiriog, meddan nhw. Wyddost ti mai dy dad ddaeth â dillad Antw adra o Genoa?'

Byd rhyfedd yw hwn. Un Pozzi o Eidalwr yn glanio ar greigiau Môn, a chyda'r blynyddoedd yn cael ei gladdu yng Nghymru. Pozzi arall, Antw, yn Gymro glân o Ben Llŷn, yn cael ei gladdu yn yr Eidal.

Erys un cyffro arall. Ar y bore hwnnw o Fai ym 1984, pan oeddwn i'n pensynnu ym mynwent Staglieno, ni ddaeth i'm meddwl fod fy nhad wedi sefyll mewn gwasanaeth yn yr un un fynwent yn union yn Genoa bell. A hynny cyn i mi gael fy ngeni.

Carrara—Pisa—Fflorens

Y mae cloddfeydd marmor Carrara, chwe chant ohonynt, yn enwog drwy'r byd. Gwelais hwynt o bell, ond nid oedd gennyf amser i fynd yno.

Ar y trên caethiwus rhwng Genoa a Pisa yr ysgrifennodd O. M. Edwards y frawddeg uchod ym 1887. Ond yr oeddem ni'n fwy rhydd am y gallai Jackson Vasina gyfeirio'i fws Mercedes i ganol y cloddfeydd hynny. Wrth gyrraedd tref Carrara, gwelid blociau o'r meini gwynion yn llond iard ar ôl iard ar bob llaw. Bu'r chwareli hynny'n darparu ar gyfer cynion Michelangelo yn yr hen oes, ac ar gyfer rhai Henry Moore yn ein hoes ni. Mae'r gweithwyr yn cloddio agos at filiwn a hanner o dunelli o'r marmor bob blwyddyn, ac allforir ef dros y byd.

Er bod glaw mis Mai'n cawodi'n llifeiriol, eto mynnodd yr Eidalwr ein cludo at niwloedd y mynyddoedd cyfagos. O blith nifer o arwyddion *Cave di Marmo,* dewisodd ef un ar siawns gan lywio'i gerbyd i gulffordd arw tua llethrau Monte Sagro. Roedd y trac caregog yn culhau fwy a mwy, y gelltydd bellach yn ddychrynllyd o serth a throellog gyda'r dyfroedd yn dylifo i'n cyfarfod trwy'r niwl. Nid oedd undyn byw i'w weld yn unman. Codai disgleirdeb claer y creigiau fath o arswyd ar brydiau.

Yn sydyn, dyma'r bws yn stopio'n stond, ac ar osgo ryfedd. Roedd y ffordd wedi darfod. Ac wedi darfod ar fin dibyn gyda llyn erchyll mewn cawg oddi tanodd. Ni wn eto sut y llwyddodd, ond bu'r Jackson mentrus wrthi yn y cenlli'n bacio ac yn croes-facio, fodfedd ar ôl modfedd ar ymyl y dibyn melltigedig, nes o'r diwedd iddo gael trwyn y cerbyd at-i-waered. Y fath ollyngdod. Nid yn aml y mae criw ffilmio'n curo dwylo mewn bws . . . .

Wedi cyrraedd dinas Pisa roeddem yn ailuno â thaith O. M. Edwards, a'i gael yn dotio yn y Duomo at waith Cimabue ac Andrea del Sarto. Ond yr arwr iddo ef, fel i ninnau, oedd mab enwog y ddinas honno a'r gwyddonydd modern cyntaf o bwys, sef Galileo Galilei. Er i'w ddarganfyddiadau siglo credo'r Eglwys ac i honno'i erlid yn anystyriol, eto mynnai Galileo'i fod ar union drywydd y gwirionedd ynghylch cwrs haul a daear y bydysawd hwn.

Rai blynyddoedd ynghynt, yr oeddwn wedi prynu angel ar stondin ger twr cam Pisa. Ond trwy flerwch, llithrodd rhwng fy mysedd a thorri'n dameidiau. Wedi dychwelyd i Gymru, llwyddais i drwsio'r angel syrthiedig yn eithaf teidi. Ar yr ail ymweliad hwn, gofelais fod yr angel bach wedi cael hedfan gyda mi yn ôl i'w henfro ger y stondin, a oedd yno o hyd. Fe'i cludais yn unswydd er mwyn ei ddangos i'r camera, a chael dweud mai *trwsio* un o'r delwau a wneuthum i, ond mai *dryllio'r* delwau a wnaeth Galileo, a'u gadael yn grybibion mân yn enw gwirionedd.

Un pnawn, gyrrodd Jackson am berfedd y ddinas, inni gael cyfeirio at y man lle ganed Galileo ym 1564. Gan nad oedd modd mynd â'r bws i'r union stryd honno, stopiodd Jackson ei gerbyd gerllaw gan bendroni p'run fyddai'r llecyn gorau i ddadbacio'r offer ffilmio. Cyn pen eiliad roedd y moduron a ddelid o'i ôl wedi dechrau utganu'n groch. Ond dal i bendroni'n ddigyffro a wnâi'n gyrrwr ni, gyda'r cerbydau eraill erbyn hynny'n fedlam o seiniau di-daw.

Toc, dyma berchen un o'r moduron allan o'i gar yn ffrom; brasgamodd at ffenestr agored y bws gan fwrw dyrnod at Jackson—a'i fethu, trwy lwc. Yna, gollyngodd felltithion tra huawdl arno, a chyn troi yn ôl at ei gar anelodd gic at y bws nes bod y metelau'n clecian. Sylwais, er syndod, nad oedd Jackson wedi cael ei gynhyrfu'r mymryn lleiaf, ac meddai wrthym gyda'r wên fwyaf hyfryd: 'Mae peth fel'na'n digwydd bob dydd . . . pobol felly ydan ni yn yr Eidal!'

Fel y teithiwr o Lanuwchllyn, bu'n rhaid i ninnau gael cip ar y man y gwasgwyd Galileo i'w gornel, lle'i cadwyd mewn tŷ fel math o garcharor yn fwy na heb. Ar gyrion Fflorens y mae'r tŷ hwnnw, mewn pentref bychan tawel o'r enw Pian de Guillari. Wrth ffilmio ar y stryd unig, nid oedd neb o gwmpas ond un wraig a safai ger ei drws mewn chwilfrydedd.

Ond yn sydyn wele bedwar moto-beic yn ysgubo i'r stryd yn enw'r heddlu, a'u dilyn gan nifer o foduron Maserati ac Alfa Romeo, gyda gosgordd o feiciau'r Vigili eto o'r tu ôl. Stopiodd y cyfan yn dwt agorwyd drws y Maserati, ac allan ohono y cerddodd Sandro Pertini, Arlywydd yr Eidal. Yna, cerddodd y fintai i gaffi bychan gyferbyn â ni, ac ni bu helynt na bach na mawr o gyfeiriad neb. Fel Sandro Pertini, yr oeddem ninnau (ac O. M. Edwards) ar ymweliad â Fflorens, ac wedi galw yn Pian de Guillari wrth basio, fel petai.

Ond beth ellir ei ddweud am Fflorens? Fel hyn y ceisiodd O. M. gawellu'r argraff:

Ychydig yn ôl yr oedd gweinidog yr efengyl, fu'n gaeth am fisoedd gan afiechyd, yn darlunio i mi y diwrnod cyntaf y bu allan, yn edrych ar Lanuwchllyn, y lle prydferthaf yn y byd. Safai ar gefnen, a gwelai Gastell Carndochan, a Phenantlliw goediog wrth ei droed, gwelai amlinelliad tlws yr Aran, y debycaf i dduwies o holl fynyddoedd Cymru, a'r llyn. — 'Yr oedd

48

yr olygfa yn ormod i mi,' meddai, 'yr oeddwn yn rhy wan, mi wylais.' Hawdd i mi oedd sylweddoli ei deimlad, pan droais yn ôl i edrych ar Florence, a dyffryn yr Arno . . .

Gwir, gwir. Rhamant Ponte Vecchio, aruthredd twr Foraboschi, harddwch y *campanile*, crefftwaith drws y *battistero* a gwyrth Santa Maria del Fiore. Hynny, heb sôn am yr amgueddfeydd sy'n orlawn o ddarluniau a cherfluniau'r meistri gyda'u paent a'u maen a'u metel. A'r ffasiwn reng o grefftwyr ym mhob rhyw faes o gelfyddyd: Dante, Petrarca, Giotto, Brunelleschi, Ghiberti, Michelangelo, da Vinci, Cellini, Donatello, Titian, teulu'r Medici, Raphael, Savonarola, Machiavelli . . . Hoelion wyth bob un, er i rai fod yn fwy blaenllym na'i gilydd!

Braint ddethol fu cael oedi ben bore yn orielau'r Uffizi cyn agor y drws i dwristiaid y dydd. Diddorol oedd darllen y rhybudd na châi mwy na deg ar hugain fod yn yr un un oriel ar y tro, rhag i wres cynifer o bobl newid tymheredd yr ystafell, ac effeithio ar baent a chynfas.

Ffafr unigryw hefyd oedd cael dilyn y gofalwr wrth iddo ddatgloi drws ar ôl drws er mwyn inni groesi trwy goridor cul ac annisgwyl o hir. Coridor Vasari oedd hwnnw, sy'n cyplu oriel Uffizi ar naill ochr afon Arno gyda'r Palazzo Pitti yr ochr arall iddi. Mae'r coridor hwn yn rhan o'r bont — Ponte Vecchio — ond ei fod uwchben rhodfa arferol y trigolion. Ar ei hyd o'r ddeutu y mae rhesi clòs o bortreadau nas gwelir gan y cyhoedd, gryn wyth gant o ddarluniau i gyd, meddai'r gwarchotwr.

Er ei bod yn wanwyn, yr oedd afon Arno'n llifo'n arswydus o chwyrn. Ond nid yn debyg i'r llifo hwnnw a barodd drychineb mor enbyd nifer o flynyddoedd yn ôl pan ysgubodd yn un foddfa dros Fflorens i gyd, a chreu difrod torcalonnus. Yn eglwys Santa Croce, *sylwais ar farc uchel ar y mur gyda'r geiriau canlynol yn cyfleu dyfnder y llifeiriant:*

Il 4 Novembre 1966
L'Acqua d'Arno arrivo a quest' altezza

Yn ôl y marc, rwy'n dyfalu fod dŵr afon Arno bryd hynny tuag wyth troedfedd dros lawr yr eglwys. Ond at hynny wedyn, dylid cofio fy mod eisoes wedi dringo naw gris tua'r eglwys o'r stryd y tu allan—sy'n awgrymu llifogydd o ddeuddeg troedfedd, yn hawdd.

Eto, erbyn heddiw (fel ar ôl y rhyfel) y mae crefftwyr balch Fflorens wedi llwyr adfer eu dinas a'i hurddas unwaith yn rhagor, megis yr oedd yn y dechrau.

Bruna Bucelli

Mae agos i ddeng mlynedd wedi pasio er pan elwais gyntaf mewn Swyddfa Wyliau yn nhref Pwllheli. Roedd y gŵr hynaws y tu ôl i'r ddesg yn bendant y byddem ni'n mwynhau wythnos yn yr Eidal, gan ddangos patrwm y daith inni: Milan, Fflorens, Pisa, Rhufain a Fenis. Byddai ef yn mynd drosodd i'r Eidal yn weddol gyson am mai un o'r Eidal oedd ei wraig.

Fel yr oeddem yn arwyddo'r dalennau, fe ganodd cloch y teliffon—rhywun am air gyda'r gŵr hynaws. Gan hynny, daeth geneth o ŵarc i orffen y busnes ar ei ran, ac allan â ni i'r stryd, a phopeth wedi'i setlo.

Roedd y gŵr hynaws yn llygad ei le. Bu ymweld â'r Eidal yn brofiad gwefreiddiol; os aeth haul yr Eidalwr yn ddwfn i'r croen, aeth Fflorens, Rhufain a Fenis yn ddyfnach fyth i'r galon. Daethom adre'n ôl, a moli'r Eidal y buom gydol y gaeaf wedyn. A'r haf dilynol bu'n rhaid cael cip arall ar y wlad ddewinol.

Yn ystod Mai 1984 yr oeddwn yno unwaith eto. Nid ar wyliau y tro hwn, ond ar fater ffilmio'r siwrnai honno a wnaeth O. M. Edwards agos i gan mlynedd yn ôl bellach. Yn ei gyfrol yn disgrifio'r ymweliad, mae O. M. Edwards yn trafod mawrion yr Eidal, wrth reswm. Yn y llyfr hefyd y mae'n crybwyll eraill ar ogwydd, fel Chaucer, Byron a Macaulay. Mae'n adrodd stori am hen weinidog o Lanuwchllyn. Mae'n dyfynnu'r Ficer Prichard, Eben Fardd a Cheiriog. Ac yn Genoa, wrth wylio'r haul yn machlud, fe ddaeth emyn Pantycelyn i'w feddwl: 'Rwy'n edrych dros y bryniau pell . . .'

Ond yn rhyfedd iawn, nid yw O. M. Edwards yn sôn yr un gair am Gruffydd Robert, Milan, sef y Pabydd brwd hwnnw o'r unfed ganrif ar bymtheg. Oherwydd ei ddaliadau ysbrydol fe fu'n rhaid i Gruffydd Robert ffoi i'r Cyfandir yng nghwmni Morys Clynnog, ac yn yr Eidal y bu'r ddau yn alltudion am weddill eu hoes. Roedd Gruffydd Robert yn ŵr galluog, yn offeiriad ac yn fardd abl. Ond yr orchest fawr a gyflawnodd ef ym Milan oedd cyhoeddi *Gramadeg Cymraeg*, sy'n cael ei gydnabod yn un o lyfrau pwysicaf cyfnod y Dadeni Dysg.

Fel ysgolhaig a hanesydd, fe debygwn i y gwyddai O. M. Edwards yn burion am gyfraniad Gruffydd Robert. Eto, wrth i O. M. oedi ar ei daith ym Milan, ni soniodd un sill amdano. Pam hynny, tybed? Ai teg yw mynnu fod rhagfarn Brotestannaidd O. M. yn rhy gryf i gydnabod athrylith o Gymro a oedd yn digwydd bod yn Babydd? Mae'n anodd gennyf gredu hynny, ac ni charwn ar un cyfrif wneud cam â'r gŵr o Lanuwchllyn wrth ddyfalu fel hyn. (Cefais air gan fy nghyfaill, Wynne Lloyd, sy'n dra chyfarwydd â'r Eidal, ac fel hyn y mae ef yn damcanu: na wyddai O. M. Edwards fawr ddim am y *Gramadeg* gan i ysgolheictod Cymraeg gael ei orchuddio wedi'r ddeunawfed ganrif gan ddylanwadau eraill, ac yn y cyfnod pan oedd O. M. yn

Rhydychen y dwymyn fawr oedd y cyffro politicaidd, gyda'r mudiadau cenedlaethol ar y brig.)

P'run bynnag, pan oeddem ni yn Fflorens, dyma sefyll fel y gwnaeth O. M. Edwards ar y Ponte Vecchio, yr Hen Bont sy'n croesi afon Arno. Adeg y rhyfel diwethaf, fe ffrwydrodd yr Almaenwyr bob un o'r pont-ydd eraill dros Arno, pob un ond Ponte Vecchio. Ar ôl ffilmio felly yno, tynnu wedyn tua'r llethrau at dreflan Fiesole gan ddringo rhiw enbydus o serth sy'n arwain at y fynachlog ar y copa, lle bu O. M. Edwards yn sgwrsio â'r mynach Ffransiscaidd hwnnw, a'i ddisgrifio fel hyn yn ei lyfr:

Gwyneb mawr anifeilaidd oedd ganddo, a bonion barf fel eithin llosgedig. Yr oedd croen ei draed yn galed fel troed aderyn. Os oedd hun wedi myfyrio, nid oedd effaith ei fyfyrdod wedi cyrraedd croen ei wyneb eto.

O Fiesole cawsom ein tywys gan blisman ar ei foto-beic nerthol glas a gwyn gyda llythrennau breision VIGILI URBANI ar ei flaen. Ar y peiriant yr oedd yr enw Moto Guzzi, a barodd f'atgoffa am Ynys Manaw, gyda Geoff Duke gynt yn rasio i'r cwmni hwnnw. Cyn bo hir daeth yr heddwas â ni at dyddyn lle'r oedd gwinllan-noedd, ac wrth weld y grawnwin a'r dail llydain, dyma gofio am Gruffydd Robert, Milan, yn gweithio ar ei Ramadeg yng nghysgod gwinllan debyg. O barch i'r hen alltud (O. M. Edwards neu beidio) aed at i ddyfynnu o'i Ramadeg y llinellau clasurol a ganlyn:

Mae yn esmwythach arnom o beth, ac yn llai'r boethfa, er pan ddaethom i'r winllan hon, nag ydoedd tra fuom yn dy gartref. Canys yno'r oedd gwres anosbarthus i'n poeni, a myllni (o eisiau awyr a gwynt) digon i'n fygu dynion. Ond yma mae cangau a dail y gwinwydd i'n cadu rhag pelydr yr haul, a'r gwynt arafaidd o'r gogledd yn oeri ac yn difyllu y rhodfa a'r eisteddfa hon, fel na bo cyn flined arnom ganol dydd ag a fu y dyddiau a aeth heibio.

Ymhen misoedd lawer, pan ddangoswyd y daith yn gyfres ar Sianel Pedwar Cymru, canodd y teliffon, gyda gwraig o Lŷn oedd newydd fod yn gwylio'r stori am Fflorens a Fiesole yn gofyn a oedd gennyf gopi o'r *Gramadeg* a sgrifennodd Gruffydd Robert, Milan. Nac oedd. Y gwir yw, er cywilydd imi, mai'r cyfan a welais i erioed o waith Gruffydd Robert oedd y dyfyniadau cyfarwydd hynny hwnt ac yma yn llyfrau'r ysgolheigion.

Pan elwais heibio i'r wraig garedig, dyma hi'n estyn llyfr yn rhodd imi. Rhyw chwe modfedd go dda wrth bedair yw ei faint, a thua modfedd a hanner o drwch. Ar ei wegil gwelir y teitl mewn llythrennau aur: A WELSH GRAMMAR AND OTHER TRACTS by Griffith Roberts, Milan, 1567. A Fac-simile Reprint. Published as a Supplement to the Revue Celtique, 1870-1883. Paris, 67, Richelieu Street. F. Vieweg, Publisher. Dros y ddalen, ceir Rhagymadrodd (o fath) mewn Saesneg, ac ar ei waelod—H. GAIDOZ, Paris, March, 1883. Ac yna eir i olwg y 'Dosparth Byrr ar y rhann gyntaf i ramadeg cymraeg' etc., o waith Gruffydd Robert. Ar waelod y ddalen honno y mae'r geiriau: 'A orchfygo yma, a goronir fry. 1567, Primo Marty.'

Rhyfeddod o beth. A minnau cyn falched â dim o'r gyfrol, wedi diolch a diolch i Mrs. Hughes, aeth hithau ati i fynegi fel yr oedd wedi dotio at brydferthwch Fflorens yn y ffilm. 'Ac yr ydw i'n siŵr fod Bruna wrth ei bodd,' meddai.

'A phwy ydi Bruna?' holais innau. Dysgais mai Eidales yw Bruna Bucelli, a nifer o berthnasau ganddi yn ninas Fflorens. Cafodd ei geni yn Barberino di Mugello, sydd i'r gogledd o Fiesole. Adeg y Rhyfel Byd yn ystod y pedwardegau, pan oedd yr Almaenwyr yn difrodi'r darn hwnnw o'r Eidal, fe ddaeth gorthrwm a ffoëd-

53

igaeth yn rhan o fywyd y trigolion, a phrofodd Bruna a'i theulu eu siâr o ofidiau felly.

Ar un perwyl, yr oedd hi mewn lle heb fod ymhell o Ferrara, ac yno digwyddodd daro ar filwr o Gymro. Pen draw y stori oedd i Bruna Bucelli briodi'r milwr o Gymro. Ac felly, yn y man, y daeth y ferch o'r Eidal i fyw i Bwllheli, yn wraig i Ifor Wyn Jones.

Erbyn heddiw, yr wyf wedi dod i ddeall mai ef oedd y gŵr hynaws, yr ochr arall i'r ddesg honno yn nhref Pwllheli, ddeng mlynedd yn ôl. A chael yr hyfrydwch o gwrdd â Bruna.

Meillion Rovigo a Gorlif Venezia

Wedi'r oediad yn Fflorens, aeth yn gyfyng-gyngor ar y gŵr o Goed-y-pry ynglŷn â chyfeiriad nesaf ei daith. O'r diwedd torrodd y ddadl gan wrthod Rhufain, a dewis tynnu tua'r gogledd dros fynyddoedd Apenin am ddinas Bologna, ac fel hyn yr â rhagddo yn ei deithlyfr:

Yr oedd yn dechrau nosi cyn i ni adael Ferrara . . . Cymdeithion cysglyd oedd genryf, a bu distawrwydd—dim ond sŵn y trên, hanner chwyrnu hanner ochenaid—hyd nes y clywsom weiddi 'Rovigo'.

Ie, Rovigo. Er na alwodd O. M. Edwards yno, eto i ni yr oedd ymweld â Rovigo'n rheidrwydd. Yn bererindod bendant. A'r cyswllt yn un diweddar ac eithaf tyner. Ar ôl cyrraedd y dref, aed ati i holi hwn ac arall, ac wedi gogordroi mewn sawl heol, o'r diwedd dyma ddod i olwg Stadiwm Tîm Rygbi Rovigo.

Am nad oedd gêm ar fynd yno'r diwrnod hwnnw, roedd pob man o gwmpas y fangre yn dawel iawn. A'r giatiau mawr wedi eu cloi. Rywsut neu'i gilydd byddai'n rhaid myndi mewn am fod cerdded y maes hwnnw'n mynd i fod yn brofiad ystyrlon inni. Onid oedd gennym fel Cymry resymau cynnes dros wneud hynny? Onid oeddem wedi adnabod hyfforddwr tîm rygbi Rovigo cyn i'r Eidalwyr ei weld erioed?

Fy nghyfarfyddiad cyntaf i â'r gwron oedd y tro hwnnw pan bregethwn yn Llanymddyfri, ac yntau fel blaenor yno'n fy nghroesawu. Taro arno wedyn fwy nag unwaith, gan gofio'n arbennig aros yng Nghaerfyrddin pan lofnododd y llyfr *Blynyddoedd Gleision* fel a ganlyn:

Dymuniadau gorau, Carwyn James.
Y Llwyn Iorwg, Chwefror '74.

Fel y safem y tu allan i'r maes chwarae yn y dref estron, yn sydyn dyma fws yn stopio gerllaw inni, a'i lond o Eidalwyr cryfion yr olwg. Deall mai tîm rygbi Rovigo ydoedd ar gychwyn taith i rywle, a'u hyfforddwr wedi picio o'r bws i gyrchu pecyn o ystafell yn y Stadiwm. Wedi egluro'n helynt wrtho, cydymdeimlodd y cyfaill â ni ym marwolaeth gynamserol Carwyn, gan roi tro parod i'r allwedd yn y clo mawr.

Aethom trwy'r pyrth â diolch, cawsom edrych ar y Stadiwm wag, sefyll ar laswellt y cae, syllu ar y pyst hirion, a dychmygu gymaint roedd Carwyn James wedi'i redeg yn ôl a blaen ar yr union faes hwnnw wrth ddysgu rygbi i wŷr Rovigo, ac yn y man llwyddo i'w codi'n bencampwyr eu hadran.

Torrais dair meillionen o gae rygbi Carwyn James, ac erbyn hyn cawsant eu glynu fel atgof chwerw-felys ar dudalen 193 yn llyfr *Tro yn yr Eidal* O. M. Edwards.

Pen draw'r daith oedd Venezia. Neu Fenis. Neu, yn ôl enw'r beilchion gynt, *La Serenissima.* Yn ei deith-lyfr, mae penodau gorchestol gan O. M. am ogoniannau'r ddinas hon, ond nid yw ychwaith yn anghofio'i chythreuldebau. Sonia am y Doge yn ei blas gwyn ar fin y dŵr, ac am aelodau sinistr Cyngor y Deg a'i di-sodlodd mor filain. Mae'n oedi ar y Rialto ac ar Bont yr Ocheneidiau, ac yn pensynnu ar gadeirlan San Marco lifeiriol ei golud. Er iddo glodfori arlunwyr fel Titian, Tintoretto a Giorgione, eto nid oes ganddo unsill am y pen-cerddor Monteverdi yn y Frari, nac ychwaith nodyn am yr offeiriad cerddgar, Vivaldi, a fu'n noddi plant anffodus yn eglwys y Pietà.

Am imi fanylu petha ar gyfaredd Dinas y Dŵr mewn cyfrol arall, ni wnaf yma ond nodi taith mewn cwch cyflym allan i'r Laguna di Venezia, cwch a'n hysgub-odd yn ffluwch trwy'r dyfroedd gan alw mewn tair ynys. Y gyntaf oedd Torcello, lle gwelais aderyn tebyg i grëyr, gyda 'llinynnau' gwynllaes yn hongian dros ei wegil, a i goesau'n llacharfelyn—*yr egret*. Ynys Burano oedd yr ail, lle mae gwragedd yn patrymu'r *lace* byd-enwog; yno hefyd y creffais ar glochdy eglwys a oedd yn gwyro cyn gamed â Thŵr Pisa'i hunan. Ar y drydedd ynys, Murano, buom yn astudio'r *maestro* yn tynnu gwydr berw o'r ffwrnais gan ei drosi a'i drimio a'i iefeilio fel cyfleth.

Wrth ymwibio trwy'r lagŵn, sylwn fel yr oedd y cychwr yn llywio'n ddiogel rhwng dwy res o bolion, polion oedd tua hanner canllath oddi wrth ei gilydd gan ymestyn am filltiroedd dros y bae. Roedd y rhain o gryn drwch, (yn gyffion o goed, yn wir) a'u pennau'n cyd-gyfarfod yn glwm o dri pholyn neu bedwar, neu hyd yn oed bump. I gadw pennau'r coed yn dynn gyda'i gilydd, sicrhawyd amdanynt ddau gylch nerthol o fetel, ac ar frig pob clwm gwelid lamp ynghyd â phlât yn dynodi rhif. Os oedd y coed hyn ynghlwm ar y top, yn dynodi rhif. Os oedd y coed hyn ynghlwm ar y top, gofelid eu bod yn ymagor at-i-lawr fel trybedd, gan ymledu fwyfwy hyd at ddwfn y tywod isod, bid siŵr.

Cyn bo hir, aeth y bwndelau hyn â'm bryd yn llwyr. Fel yr ysgubai'r cwch yn gyflymach ar lôn y dŵr, dôi'r clwm polion tuag atom yn gyfatebol amlach, ac fel y pasiem ar wib heibio i un bwndel, gwelid y bwndel nesaf yn 'dynesu' atom oddi draw, ac felly y doent wrth y degau. . . . Roedd y pentyrrau coed hyn ar y lagŵn y peth tebycaf a welais i bobl yn cofleidio'i gilydd mewn profedigaeth. Neu mewn ecstasi.

Cyrraedd yr Hotel Patria Tre Rose gerllaw sgwâr San Marco, a phawb ohonom mewn lludded gan hir deithio, yn falch o eistedd yn nhawelwch y lolfa. Ond yn sydyn, dyma seiren aruthr yn cras-ubain dros yr holl ddinas; dadwrdd cwbl annisgwyl, gan fod Fenis ddi-foduron yn lle mor eithriadol dangnefeddus.

Ar hynny, aeth gŵr y gwesty ati gan bwyll i rowlio'i garpedi a'u cadw gan awgrymu mai doeth fyddai i ninnau symud yr offer ffilmio o'r llawr i'r llofftydd. Ychwanegodd hefyd, os oedd yn fwriad gennym fynd allan i swper, y byddai'n well inni frysio. Er cymaint y dirgelwch, barnwyd mai teg oedd gwrando ar ei air, ac i ffwrdd â ni, bob un gydag eitem o'r gêr ffilmio, tua'r ystafelloedd uwch. Wedyn, ar gyngor y gŵr, anelu rhag blaen am gaffi Fullin Bruno, nad oedd ond teir-stryd oddi wrthym.

Wedi bwyta, a chyrchu yn ôl trwy'r strydoedd culion, daethom i olwg ein gwesty, ond yr oedd yr heol rhyngom a'r lle wedi troi'n afon nobl. Nid oedd dim y gallem ei wneud ond tynnu'n hesgidiau a'n hosanau yn y fan a'r lle, torchi godre trowsus hyd at ben-glin, cerdded trwy'r dŵr oer a chamu'n betrus i mewn i'r gwesty. Erbyn hynny, yr oedd y llawr marmor yno o dan chwe modfedd o ddŵr.

Addefodd ein gwesteiwr fod y mis Mai hwnnw'n eithafol o wlyb yn yr Eidal, ac eglurodd hefyd nad llif-ogydd fel y cyfryw oedd achos y gorlif, ond bod y gwynt Scirocco'n chwythu mor galed i fyny'r Adriatig nes bod ei donnau'n gwthio dŵr Fenis yn ôl i goluddion y ddinas gan achosi'r anghysur hwn. Y tro diwethaf i beth felly ddigwydd ym mis Mai, meddai ef, oedd y flwyddyn 1905.

A'r flwyddyn honno, dim ond saith a deugain oed oedd O. M. Edwards.

Christopher Colombo

Wil, 'mrawd . . .

Er fy mod yn gwybod yn iawn na ddaw Wil byth eto, mi fyddaf yn dal i gymryd cip trwy'r ffenestr a dychmygu'i weld yn cerdded i fyny'r ffordd fach at y tŷ. Toc, fe glywid math o guro ar y drws gan ei agor yr un pryd, ac yna ebwch llaes o'r gair 'Bo-bôl?' Yna cerddai atom yn araf o flaen tân y gegin cyn eistedd yn weddus ar un o'r cadeiriau sbâr.

Yn amlach na pheidio, byddai'n rhaid iddo gael rhoi cwrs gwamal ar yr éticet oedd yn rhan o'r hen gymdogaeth gynt, y cwrteisi hwnnw oedd yn fath o seremoni gan bob ymwelydd. Ni allai Wil faddau i'r ddefod honno, ac âi trwy'r ffug-neisrwydd gyda difrifwch addas iawn:

'Ydw i yn eich cadair chi, deudwch? . . . 'Dwi'n ddigwilydd hefyd—yn dŵad ar draws tŷ fel hyn . . . ac yn mynd â'ch amser chi, 'dwi'n siŵr . . . Wel, mae gynnoch chi dân gwresog—o ble 'dach chi'n ca'l y glo 'ma? . . . Bobol, am banad dda—pa de 'dach chi'n iwsio? . . . A 'drychwch y patrwm ar y gwpan 'ma, ddigon o ryfeddod . . .'

Wedi mynd trwy stoc y manars rhyfedd yna, byddai Wil yn ymddiosg o'r ffalster-gwneud, ac yn ymfwrw i sgwrsio am fyd a bywyd. Ond hyd yn oed wedyn roedd gwamalu yn rhan o'i bethau, ac fe geid y gwreiddiol-debau mwyaf annisgwyl ganddo.

'Sut mae Ifan John yn setlo?' (Ar y môr yr oedd Ifan John, yn crwydro'r byd yn grwn, a phan ddôi i dir, ar aelwyd Wil a Mona y byddai'n cartrefu gan draflyncu te'n ddireol gydol y dydd. A'r nos hefyd.)

'O, mae Ifan yn reit dda,' atebodd Wil. 'Wrthi efo ryw raglen compiwtar mae o'r dyddia yma. Wyddost ti be', mi godais i tua thri o'r gloch y bora 'ma, a mi fuo jest imi fynd ar 'y mhen i Ifan John ar y landing 'cw.'

'Tri o'r gloch y bora! Be' oedd o'n neud ar 'i draed yr adag honno?'

'Gneud te, siŵr iawn,' meddai Wil. ''Waeth pa awr o'r nos y codi di yn y tŷ 'cw, mae Ifan John ar hyd y lle fel moth.'

Cyffelybiaeth newydd sbon danlli. Fel moth!

Un noson, a ninnau'n gwylio'r newyddion naw ar y teledu, daeth Wil heibio ar sgawt arall. Yn llond y sgrîn wele Eglwys Sant Pedr yn Rhufain, ac yna'r cardinaliaid yn ymsymud yn un rheng goch ar y ffordd i'w cloi fel *conclavi* yng nghapel y Sistine ar gyfer dewis olynydd i'r Pab John Paul.

'Wyt ti'n meddwl y ceith yr hen Colombo'i ddewis yn bab?' gofynnodd Wil.

'Wyt ti'n siŵr ei fod o'n un ohonyn nhw?' holais innau.

'Wel, mae'i enw fo yn y papur. Mae o'n gardinal. Mae o'n dŵad o Milan. A Colombo ydi'i enw fo . . . 'Drycha!' ychwanegodd Wil gan bwyntio at y sgrîn, 'mae o'n bownd o fod yng nghanol y rheina'n rwla.'

Ac felly y bu, y noson honno.

Cyn pen tridiau yr oedd Wil draw unwaith eto. Ond erbyn hynny, Jozef Wojtyla, offeiriad o wlad Pwyl, oedd yr un a ddewiswyd fel pab, ac efô bellach a fyddai'n dilyn y John Paul a fu farw mor ddisyfyd. Y noson honno, aeth Wil a minnau ati i drin a thrafod y ffordd o ethol pab, gan sôn am y mwg du a'r mwg gwyn a phethau felly. Cofiaf inni ryfeddu na fuasai'r pab newydd wedi dewis enw fymryn mwy gwreiddiol na

59

'John Paul yr Ail'. Fe gaem y peth yn bur debyg i'r dis-
gŵyl hwnnw a fu am enw i'r llong newydd oedd yn
dilyn y leinar *Queen Elizabeth*, gynt. Wedi'r holl geis-
iadau am enwau, a'r cynigion yn dylifo wrth y can-
noedd, erbyn y diwedd y dewis fu *Queen Elizabeth the
Second*. Ac felly'n union y bu hi gyda'r Cardinal o
Boland: 'John Paul yr Ail'.

'Wil!' meddwn i. 'Wyt ti'n cofio rhyw bolish coch
fyddai gan Mam ers talwm? *Cardinal* oedd enw'r tun
polish hwnnw, yntê?'

'Ia,' meddai Wil yn sychlyd. 'Dyna oedd y pab yma
hefyd, ysti.'

'Be'?' holais innau'n dywyll.

'Cardinal Polish oedd o, yntê?'

Ac wedi rhyw wamalu fel yna'n dau, dyna'r sgwrs
yn troi at ofidio a gresynu'n bur arw.

'Biti na fasa'r hen Colombo wedi'i neud yn bab,
yntê?'

'Wel ia, achan, biti goblyn!' Cymerodd Wil ei wynt
cyn ymollwng: 'Ew! Mi fasa'n strôc hefyd, yn basa? Yr
hen Golombo yn bab yn Rhufain!'

★   ★   ★   ★

Pwy, felly, oedd y Colombo hwn y poenem gymaint
amdano? Ei enw llawn oedd Christopher Colombo,
enw na ddylid drysu rhyngddo a'r Columbus hwnnw a
ddarganfu America, bid siŵr. Nac ychwaith ag un
Columbo o dditectif (America, eto fyth) gyda'i facintosh
flêr a'i sigâr helbulus.

I gael gafael ar ein Colombo ni, mae'n rhaid mynd yn
ôl agos i ddeugain mlynedd, a throi am Blas Gwynfryn
yng ngwlad Eifionydd. Wedi i ni fel teulu fod yn byw
yn y plas hwnnw dyma symud i dŷ ganllath i ffwrdd,
yn yr un campws, fel petai, jest ar draws yr iard.

O'r cyfnod hwnnw ymlaen cafodd y plas ei droi yn
gartref gwyliau i bersoniaid a'u teuluoedd. I mi yn

hogyn, y peth mwyaf diddorol ynghylch y personiaid hynny oedd y cerbydau y byddent yn eu stablu mewn iard fawr am y wal â'n tŷ ni. Dyna'r dyddiau y dysgais alw'r moduron oll wrth eu henwau: Singer, Talbot, Hillman, Triumph, Morris Major, Alvis, Armstrong Siddeley, Bianchi, Lanchester, Riley, Trojan, Lagonda . . . ac nid yw rhestr fel yna ond llond dwrn sydyn oddi ar silff ucha'r cof.

Pan ddaeth y rhyfel i falu pawb a phopeth, fe drowyd Plas Gwynfryn yn ysbyty'r Groes Goch, gyda milwyr mewn siwtiau glas golau yn dod yno i wella. Coffa difyr am fynd gyda'r bechgyn hyd lwybrau'r coedydd ac i bysgota rhwng y brigau llaesion wrth afon Dwyfach.

Ar ôl i gyfnod yr ysbyty ddod i ben fe brynwyd y plas gan y Catholigion, a bedyddio'r lle ag enw newydd sbon: *Nazareth House*. Llanwyd y plas y tro hwn gan hen bobol oedd yn llesg neu'n glaf, a hefyd gan blant amddifaid. I edrych ar ôl yr anffodusion hynny fe ddaeth haid o ferched caredig, lleianod a fyddai'n sliperu o gwmpas y lle mewn gynau duon llaes. Ac yn warchotwr ar *Nazareth House* fe gyrhaeddodd Eidalwr—y Tad Christopher Colombo, dyn lled-fyr, gwallt du, sbel dros ddeg ar hugain oed, fe dybiwn.

Yr adeg honno, fe fyddai pobloedd o bob llwyth ac iaith yn arfer galw yn ein cartref ni, gyda chymdogion yn ogystal â dieithriaid yn troi heibio'n dragywydd. Rhan o batrwm y cartref fyddai croeso cyson Mam, storïau lliwgar 'Nhad, ac yna pawb ohonom yn tyrru'n gylch o gwmpas y piano i ganu dros y lle am awr a dwy.

Yn y man, fe ddechreuodd y Tad Colombo droi i mewn. Nid oedd ganddo ond prin ganllath o groesi rhwng y plas a'n tŷ ni; byddai acw bob dydd, ac yn ddiogel iawn o gyrraedd at gyda'r nos. Byddai wrth ei fodd gyda'r canu, ac o'r pentwr alawon gwerin a'r emynau oedd ar fynd, y ffefryn gan Colombo oedd 'Yn y dyfroedd mawr a'r tonnau' ar hen alaw 'Tôn-y-botel'. Byddai'n gofyn am honno drosodd a throsodd ac, wedi erfyn yn hir, o'r diwedd gwnaeth fy chwaer, Lora, gopi o'r geiriau iddo ynghyd â miwsig 'Tôn-y-botel' mewn Hen Nodiant. (Tybed a yw'r copi hwnnw ganddo o hyd?)

Un diwrnod daeth Colombo tua'r tŷ yn isel iawn ei ysbryd. Roedd yn cael ei symud i Brestatyn. Ar hynny aeth Mam i'r silffile cadwai'r Llyfr Ymwelwyr hwnnw, a gofyn i'r Eidalwr prudd dorri'i enw ar dudalen ohono. Isod, wele'r nodiad ynghyd â'r union eiriau a sgrifennodd yr offeiriad ar Fehefin 9fed 1949:

Fr. Cristopher Colombo from Turin. Very tanskful for your kindness and I will remember your evening company.

Fr. + fer

Gwelir mai ffordd Colombo o arwyddo'i enw oedd nyddu sgwigl medrus o golomen. (Mae tarddiad a sŵn ei enw yn y gair Lladin am golomen, sef *columba*.) Wrth big y golomen y mae ganddo groes, symbol o Grist, neu Christo. Yna, wrth farc y groes y mae'r gair 'fer', o'r Lladin *fero*, sy'n golygu 'cludo' neu 'gario'. A dyna gael 'Christopher Colombo' mewn artistri a dyfeisgarwch sydd mor nodweddiadol o'r Eidalwyr.

Yn fuan wedyn yr oedd ein cyfaill Colombo wedi gadael gwlad Eifionydd, a bu tawelwch rhyfedd heb-ddo. Ond un dydd daeth yn ei ôl o Brestatyn, a hynny ar frys mawr. Ei neges oedd esbonio'i fod yn gorfod gadael Cymru i uno â chenhadaeth yn Cenia, ac na allai feddwl am ddiflannu heb gael dod draw i ffarwelio â ni.

Aeth rhai blynyddoedd heibio. Ond un bore, ymysg llythyrau'r postmon yr oedd cerdyn oddi wrth Christopher Colombo, o bawb. Erbyn hynny yr oedd wrthi'n dringo'r ysgol offeiriadol ym Milan. Ac ar ryw funud tawel yn y fan honno fe gofiodd am 'Nhad a Mam yng Nghymru bell, a mynd i'r drafferth o anfon ei gyfarchion iddyn nhw trwy'r cerdyn post hwnnw.

★ ★ ★ ★

Y cyffro i Wil a minnau gan hynny oedd deall fod y blynyddoedd wedi dod â'r Cardinal Colombo o Milan i'w gynnwys yn y *conclavi* yn y Fatican, fel un y gellid ei ethol yn ben daearol ar yr Eglwys Babaidd. A dyna pam y bu i ni graffu mor daer ar y sgrîn deledu y dyddiau hynny. Dyddiau y bu jest inni fedru dweud ein bod ni'n adnabod y Pab yn Rhufain.

Beth fyddai barn O. M. Edwards amdanom yn cellwair fel yna â'r Babaeth sydd yn gwestiwn arall.

Sul y Wern

Yn y flwyddyn 1936 fe gyhoeddodd Hughes a'i Fab argraffiad dethol o'r llyfr *Astudiaethau* gan T. Gwynn Jones. Dim ond cant a phump o gopïau oedd i'w cael yn y byd mawr, a balchder yw mynegi fod y copi cyntaf—Rhif Un—yn fy meddiant, gyda llofnod T. Gwynn Jones mewn inc ar y ddalen gefn. O droi i'r ddalen flaen, fe welir y geiriau hyn:

Cyflwynaf hwn i Robin er cof am ei ymweliad â Chroesor, Sul Awst 24ain yn y flwyddyn 1952.
Gan ei berchennog Bob Owen.

Ac wele ddiolch ar goed gwlad fel hyn i Bob am ei rodd hael ym 1952.

O symud ymlaen ugain mlynedd union at 1972, fe gofiaf fy mod yn ystod haf y flwyddyn honno yn edrych ymlaen yn foreol at dderbyn parsel trwy'r post, ac un bore Gwener fe gyrhaeddodd.

Llyfr oedd yn y parsel hwnnw, llyfr cwbl arbennig, newydd gael ei gyhoeddi gan Wasg Gomer. Roedd yn gyfrol hardd a moethus, yr ymylon uchaf wedi'u brig-euro, ac ar feingefn y clawr lledr du gwelid y teitl yn fflachio mewn llythrennau aur:

DETHOLIAD O GERDDI   T. H. Parry-Williams

Dim ond tri chant yn unig a wnaed o'r argraffiad cyfyngedig hwnnw, gyda phob un llyfr wedi'i rifo. Cofiaf droi i'r ddalen gefn a gweld rhif fy nghyfrol bersonol i: 38.

Ond yna, wedi dotio at harddwch y gyfrol, dyma deimlo rhyw ias ysgafn o siom. Nid oedd Parry-Williams wedi llofnodi'r llyfr fel y gwnaeth T. Gwynn Jones. Prysuraf i gydnabod nad oedd gennyf fath o hawl i ddisgwyl y ffasiwn beth, am nad oedd llofnod yn rhan o'r fargen. A ph'run bynnag, fe fyddai'n dipyn o draul ar y llenor mawr i dorri'i enw ar dri chant o lyfrau.

Sut bynnag, yn Awst yr haf hwnnw, yr oeddwn yn pregethu yn Salem, Aberystwyth, ac yn bwrw'r Sul ar aelwyd garedig Hywel Harris a'i briod. Dros y bwrdd cinio, dyma sôn wrth y cyfeillion fy mod wedi dod â llyfr gwerthfawr Parry-Williams i'm canlyn ar siawns i'r Aber, ac yna holi yn wysg f'ochr tybed a fuasai'r meistr llên nor dirion â'i lofnodi imi rywbryd petawn yn gadael y gyfrol yn eu gofal hwy, yr Harisiaid.

Pan ddois yn ôl ganol pnawn o bregethu yng Nghapel Dewi, dyma Hywel Harris yn egluro'i fod wedi trefnu imi gael mynd â'r llyfr efo mi ar ôl te i'r Wern, cartref Lady Amy a Syr Thomas.

Roedd peth felly y tu hwnt i bob disgwyl, am nad oeddwn erioed wedi cwrdd â'r un o'r ddau o'r blaen. Cyraeddd y Wern, a chael y croeso hyfryta'n fyw. Rwy'n cofio'n eglur beth oedd sylw cyntaf Syr Thomas. (Er mwyn goleuo mymryn ar bethau, wele esbonio fod Jac, fy mrawd, wedi sgrifennu llyfr gyda'r teitl *Pigau'r Sêr*, a bod gennyf innau ryw lyfryn o'r enw *Wrthi*.) A hon oedd brawddeg gyntaf Parry-Williams:

'Rydw i'n gweld eich bod chitha *wrthi* o hyd! Deudwch i mi, ydi'ch brawd yn dal i *bigo'r sêr*?'

Cyn pen pum munud yr oedd yr aelwyd yn llawn o'r difyrrwch rhyfeddaf, ac yntau'n un bwrlwm o ddireidi. Yn y Penrhyn (Penrhyndeudraeth) yr oeddwn i'n byw bryd hynny, ac ni bu'r ieithmon fawr o dro cyn nodi fel mae'r sŵn 'th' yn medru llithro rhwng 'n' ac 'rh' yn y Gymraeg; 'cynrhon' yn troi'n 'cynthron', ac wrth gwrs 'Penrhyn' yn troi'n 'Penthryn'. Ac meddai'r Syr, i ategu'r ffaith: 'Rydw i'n cofio rhyw hen frawd o Ryd-ddu 'cw yn disgrifio gwas ffarm oedd ganddo fo fel rwbath wedi'i nych-fagu yn y Penthryn yna!'

Bachodd y sylw hwnnw wrth gymeriad arall yn ei hoff Ryd-ddu, brawd o'r enw Siôn Emwnt. 'A rhywun yn gofyn iddo fo: "Sut un ydi'r forwyn newydd acw, Siôn Emwnt?" "Wel," meddai Siôn, "hen gnawas glwyddog, hen slebog fudur, hen bits bowld . . . hogan bach reit dda hefyd."'

Wedi hynny aeth ati i adrodd y glasur hon am wraig a rhyw gam-hwyl arni'n barhaus. Pan ofynnodd rhywun sut drefn oedd arni'r diwrnod hwnnw, hyn oedd ateb yr hen chwaer: 'Mae gen i ryw gur yn fy mhen, a phoen yn f'aelodau . . . mae gen i ryw gaethdra yn fy mrest—a 'dydw i ddim hanner da fy hun 'chwaith'.

Fel yna yr âi'r ymweliad annisgwyl â'r Wern rhagddo, a phan ddaeth yn awr ffarwelio yn y drws, dyma wyneb Parry-Williams yn pefrio unwaith eto, a'i gwestiwn oedd hwn: ''Glywsoch chi Ifas y Tryc nos Sul dwytha'n sôn amdano'i hunan ar y trên yn mynd i'r *tweileit*?'

Yn yr wythnosau hynny roeddwn yn trio gweithio ar gyfrol arall. A brawddeg Saesneg gan ferch ffarm ar ffin swydd Stafford wedi fy nghyfareddu'n lân. Disgrifio gweddillion ar ôl y lluwchfeydd mawr yr oedd hi gan bwyntio at y rhimynnau gwynion hynny oedd wedi aros hwnt ac yma ar waliau'r mynydd ac mewn rhigolau ffosydd. '*Snowbones on the mountain*' oedd ei dweud telynegol. Ac o'r *snowbones* hynny y cefais innau'r teitl 'Esgyrn Eira'.

Un noson, wrth hel meddyliau o gwmpas y cnawd gwyn a fu'n gorwedd yn drais boliog dros y fro, ac yna'n cilio gan adael dim ond esgyrn yma a thraw, fe gofiais am y gerdd gynhyrfiol honno gan Parry-Williams, 'Yr Esgyrn Hyn', cerdd a gyfansoddodd ar 'ffansi'r funud', chwedl yntau. Mentrais anfon at y bardd i ofyn tybed a fuaswn yn cael cynnwys darn o'r gerdd yn fy nhipyn llyfr.

Daeth yr ateb yn ôl gyda throad y post, ac fel hyn y mae'r llythyr yn agor:

> *Annwyl Gyfaill,*
> *Cewch, cewch. Croeso calon . . .*

ac yn cloi:

> *Roedd hi'n hyfryd cael eich cwmni yma dro'n ôl.*
> *Dowch eto'n fuan os cewch gyfle . . .*

Er mawr ofid ysbryd, ni chefais gyfle i alw yn y Wern fel y buaswn wedi gwir hoffi cael gwneud. Ac ar Fawrth 3ydd 1975, bu farw'r bonheddwr mwyn o Ryd-ddu. Ond byth ers hynny y mae brawddeg ei lythyr yn dal i wahodd: '*Dowch eto'n fuan os cewch gyfle.*'

Ond y mae'n llythrennol wir nad oes brin wythnos yn pasio heb imi alw heibio i Parry-Williams. Byddaf yn aros oriau ar aelwyd ei lenyddiaeth, yn gwylio'r athrylith yn trin geiriau, yn pendroni dros syniadau ac yn adrodd direidi. A bellach, bydd y cyfan yn serio'r cofam un pnawn Sul o Awst ar aelwyd y Wern. Sul llofnodi'r llyfr, Sul y gwnnïaeth a'r wên. Ac wrth gwrs, y llais cyfareddol hwnnw.

Syr Thomas Parry

Roedd Tom Parry yn ffefryn mawr gennym ni fel myfyr-wyr, yn ŵr tal, cadarn, golygus, ac iddo bresenoldeb a phersonoliaeth oedd yn gwbl enillgar. Nid yw pob ysgolhaig yn draethwr rhugl, ond yr oedd Tom Parry'n medru darlithio'n odidog. Nid cyflwyno'i ysgolheictod yn unig y byddai ef, ond gwneud hynny'n feistraidd eglur a diddorol, gyda'i hiwmor cynnil yn brigo i'r wyneb bob hyn a hyn.

Un wythnos lem yn y gaeaf fe dorrodd system-wres-ogi'r coleg, gan fferru'r heyrn oedd yn arfer bod yn eithaf chwilboeth. Roedd y dosbarth Cymraeg wedi dod i'r ddarlith, a'r lle yn oer fel hofel. Ninnau, yn ôl tuedd stiwdants, bid siŵr, wedi gor-ymateb i'r rhewynt gan ddod i'r coleg yn gwisgo menyg a chotiau trymion, wedi lapio sgarffiau'n gylchoedd am ein gyddfau, gydag ambell un â'i sgarff dros ei glustiau hyd yn oed! Pan welodd Tom Parry ei ddosbarth yn rhincian gan oerfel, rhyw gilwenu'n gyfrwys a wnaeth cyn bwrw i'w ddarlith lle'r oedd yn cymharu'r naws yng ngwaith yr emynwyr. Ar ôl cyfeirio at angerdd poeth Pantycelyn, aeth i grybwyll Edward Jones, Maes-y-plwm.

'A sylwch chi rŵan,' meddai. 'Sylwch ar yr emyn yma, lle mae diwinyddiaeth galed wedi cael ei hadd-urno beth â chynghanedd:

Cyfamod hedd, cyfamod cadarn Duw,
Ni syfl o'i le, nid ie a nage yw:
Cyfamod gwir, ni chyfnewidir chwaith;
Er maint eu pla, daw tyrfa i ben eu taith.'

Brawddeg nesa'r athro wrth ei ddosbarth rhynllyd oedd hon:

'A dyna ichi Edward Jones yn y fan yna, yn canu mor farw ac mor oer â'r *radiator yna!*'

Un bore, roedd yna gi (o bopeth) yn gogordroi yn yr ystafell ddarlith. A chan fod gennyf wendid rhyfedd at gŵn, dyma anwesu'r creadur yn hael, ac eisteddodd yntau'n weddus o flaen y dosbarth. Toc, fe gyrhaeddodd Tom Parry, ac o sylwi ar y ci a'i glywed yn anadlu'n fodlon, gofynnodd yn dawel:

'Wel, pwy ydi hwn?'

Gan nad oedd gan neb ateb buddiol, dyma'r athro'n rhoi cynnig arall ar bethau.

'Oes gynnoch chi ryw gownt ohono fo?'

I dorri'r ias, mentrais innau led-egluro:

'Rhyw ddwad i mewn wnaeth o, Mr. Parry.'

'Wel,' plediodd yntau. "fasa ddim gwell i chi fynd ag o allan?'"

Ar gais yr athro, dyma drio darbwyllo'r anifail, ond ymateb y ci i beth felly oedd gorwedd yn ei lawn hyd i fwynhau'r ddarlith, fel petai. Ar hynny, dyma orchymyn o ryw fath yn dod o gyfeiriad y darlithydd amyneddgar:

'Wel, cydiwch ynddo fo, ddyn glân, ac ewch â fo allan!'

A llusgo'r cyfaill a fu'n rhaid i mi, a chau'r drws ar ei ôl gan wybod i'r ci hwnnw golli unig gyfle'i fywyd i glywed Tom Parry yn darlithio.

Hyd yma, rwyf wedi glynu'n fwriadol wrth yr enw 'Tom Parry'. Fel 'Tom Parry' y byddai pawb yn ei adnabod yn y cyfnod cynnar. Fel 'Tom Parry' y byddai yntau'n arwyddo'r nodyn a osodai o bryd i'w gilydd ger drws yr ystafell ddarlith.

Ym 1944, daeth un o'i lyfrau pwysfawr allan o'r wasg, o dan y teitl *Hanes Llenyddiaeth Gymraeg hyd 1900*. Ond—a dyma'r syndod—ar glawr y gyfrol werthfawr honno, nid fel Tom Parry y rhoed enw'r awdur ond fel *Thomas Parry*.

Roedd gweld hynny'n ormod i un myfyriwr o'r enw Henry Aethwy Jones. Cystal egluro yma mai un o Lerpwl oedd Aethwy, ac os oedd ei Gymraeg beth yn brin yn y glorian, i gyfateb i hynny, megis, fe roed i Aethwy dunelli o hunan-hyder—a dawn dynwared hefyd, gyda llaw. Y noson honno, daeth Aethwy draw i'n llety ni, yn amlwg gyda rhywbeth i'w ddweud.

'Mi fuom i'n gweld Tom yn y coleg gynna ', meddai yn union fel pe bai'r ddau wedi'u siglo yn yr un crud. 'A mi deudis wrtho fo—''Gwrandwch, Mr. Parry, '' medda fi. ''Gweld ar tu allan i llyfr chi eich bod wedi roi *Thomas Parry* yn lle *Tom Parry*.'' A wyddoch chi be deudodd o wrtha i, bois?' A chan ddynwared llais yr athro, aeth Aethwy ymlaen â'r hanes: ''Wel, Mr. Jones,'' medda fo wrtha i. ''Peidiwch chi â phoeni dim be sy ar y tu allan i'r llyfr yna. Beth sy tu *mewn* iddo fo fydd yn bwysig i chi.'' A mi shouodd am 'y mhen i!' ychwanegodd Aethwy dan grachboeri mewn chwerthin uchel a huawdl.

Pan fyddai Syr Thomas yn trin myfyrwyr, roedd yn llwyddo i gymysgu pendantrwydd a direidi gydag effaith lethol. O ran hynny, fe gefais innau ddôs ganddo, a hynny'n weddol ddiweddar ar ôl gwneud rhaglen radio ar grwydro parthau o Gymru. A hyn oedd neges Syr Thomas i mi yn ei lythyr:

Sgwrs ddiddorol ar grwydro Llŷn ac Eifionydd heddiw, ond pam yn enw'r cythraul ei hun yr oedd eisiau i chi ddweud Porth Oer a Pen y berth?

Pórthoer a Penýberth yw'r ynganiad cywir, fel y dylech chwi, o bawb, wybod. Ac nid 'tafodiaith pobol Llŷn' yw Penýberth, ond yr ynganiad iawn ers o leiaf bedwar can mlynedd. Y mae rhyw chwiw ddieflig ar bobl yng Nghymru i ymhêl ag enwau lleoedd, a dweud Aber ffraw am Aberffro, ac Aber maw am Abermo.

Dyna ichwi gymaint â hynna o row a cherydd.
Ond cofion lawer er hynny,
T.P.

Trysor o lythyr.

Wrth bregethu yng nghapel Twrgwyn ym Mangor, bûm yn bwrw'r Sul droeon ar aelwyd Syr Thomas a'i

Fonesig hawddgar. Yn ystod yr arhosiad, byddai'r athro'n bendant o holi'n hir am hynt yr hen fyfyrwyr. Ac felly y cododd drywydd Islwyn Ffowc Elis.

'O! Roeddwn i'n aros yn Llambed yr wythnos dwytha,' meddwn i. 'A mi ges i lwyth o frics gan Islwyn.'

'Brics?' holodd Syr Thomas, a'i dalcen yn crychu.

'Brics? Gan Islwyn?'

Yn awr, fe ŵyr cyfeillion Islwyn nad yw ef yn fawr o law ar drin na thrywel na sbaner—na morthwyl, o ran hynny. A chan fy mod i wrthi'r adeg honno'n codi temlau ar glawdd y ffordd ger y tŷ, a bod yna bentwr segur o frics yng ngardd Llambed, rhoddodd Islwyn eithaf llwyth yng nghefn y car imi wneud defnydd ohonyn nhw yn Rhos-lan.

Ac meddai Syr Thomas mewn llythyr, ar ôl Sul Twrgwyn:

Yr oeddwn yn ysgrifennu at berchennog y gwaith brics yn Llambed ddoe, ac yn dymuno pob llwydd-iant iddo yn y fasnach. Y mae ef y math o ddyn ymarferol a ddylai lwyddo mewn busnes.

Yn fuan wedi'r arhosiad hwnnw ar aelwyd Syr Thomas a'i briod, yr oeddwn yn cychwyn am wlad Twrci ar drywydd y saith eglwys y mae Llyfr y Dat-guddiad yn sôn amdanynt. Ac wrth gloi'i lythyr, dyma frawddeg fy hen athro:

Da chi, os ydych yn mynnu mynd i diriogaethau inffideliaid fel y Turciaid, gofalwch ddod yn ôl heb golli'ch bywyd na'ch ffydd.

Bellach, dyma fi wedi dod yn ôl. Ond wedi colli arwr.

Owen Thomas Owen

Ond 'Ŵan Tomos' fyddai pawb yn ei ddweud.

Dyn o faint canolig oedd Ŵan Tomos, yn gwisgo esgidiau hoelion eithaf trymion. Byddai'n camu'n fân ac yn fuan, ac er nad teg yw dweud ei fod yn llusgo'i draed, eto 'doedd o ddim yn eu codi nhw'n rhyw uchel iawn ychwaith.

Cap ar ei ben bob amser gyda gwallt cyrliog yn dolennu dros ei glustiau. Roedd ganddo'r wyneb mwyaf diddorol, mwstas, bid siŵr, a dau lygad du fel colsyn o dan bâr o aeliau breision. O bryd i'w gilydd, byddai wyneb Ŵan Tomos yn gweddnewid; gallai ymdonni'n hyfryd olau gan wamalrwydd, neu gymylu'n dywyll gan argyhoeddiad mwy difrifol na'i gilydd.

Gwneud ei ddefnydd mwg ei hunan y byddai. Estyn am yr hen dun OXO hwnnw o'i wasgod, tynnu allan binsiaid o faco, a rowlio sigarét fain fel brwynen. Tanio matsen, gyda hanner y sigarét yn diflannu mewn fflam. O hynny ymlaen, byddai'r gweddill yn mudlosgi yng nghornel ei geg, a'r papur gwyn yn duo fwy a mwy nes diffodd yn derfynol.

Pan fyddai Ŵan Tomos yn traethu ar fater (a byddai'n gwneud hynny'n aml) fe ddôi'r doethinebau allan ohono gyda phwyslais pur ysgubol. Yr oedd ganddo un pwyslais hollol unigryw, na chlywais mo'i debyg gan neb ond efô. Peth i'w glywed yn hytrach na'i sgrifennu oedd y pwyslais hwnnw, ond am y tro, fe gymerwn ni fy mod yn ei holi ynglŷn â chipar oedd wedi dod i'r ardal, dyweder:

'Ŵan Tomos, y dyn byr acw efo'r sbanial 'na—hwnna ydi'r cipar newydd, ia?'

'Ia. Mi ddoth yma dydd Llun, 'dwi'n dallt.'

'Ond, roeddwn i'n meddwl fod y cipar newydd yn ddyn mawr, tal.'

'Meddwl di be' leci di. Hwnna y—dio!'

(Nid oedd yn ddigon gan Ŵan Tomos ddweud yn syml:
'Hwnna ydi o.' Ei bwyslais ef oedd 'Hwnna y—dio.')

Os oedd mater o bwys mawr i'w drafod, byddai Ŵan
Tomos yn tynnu'i gap i ffwrdd a'i daflu'n fedrus ar y
ddaear, rhyw droedfedd o flaen ei esgid. Wedyn,
byddai'n plygu'n araf ac isel nes bod ei ben-glin de yng
nghwpan y cap, a'i benelin yn pwyso ar draws y glun
chwith. O ganlyniad byddai'r llaw arall yn rhydd
ganddo i gyfeirio'r gwirioneddau tuag atom.

Y sefyllfa gan hynny oedd y byddech chi, fel gwran-
dawr, yn gorfod edrych i lawr at Ŵan Tomos, am y
rheswm syml mai yn ei blŷg ar lawr daear yr oedd wedi
dewis bod ar gyfer athronyddu a chynghori. (Enghraifft
lwyr brin, fe debygwn i, gyda'r duw yn edrych i fyny at
ei addolwyr, a'r addolwyr yn edrych i lawr at eu duw.)

Yn y plŷg hwnnw y dywedodd wrthyf i un tro am
adael llonydd terfynol i ryw helynt oedd ar gerdded:
'Let ddy ded byrri ddy ded,' meddai gydag acenion
godidog. Yn y plŷg hwnnw hefyd y traethodd y siars
honno i'w fab, John, a minnau cyn inni fynd i'r coleg:
'Er mwyn i chi'ch dau ddallt, dechra ydi'r drwg bob
tro. Dechra ydi'r drwg efo pob dim. Baco. Cwrw.
Merchaid. Peidiwch â dechra'ch dau!'

Gyda'r blynyddoedd, fe godwyd y cynghorwr hwn
yn flaenor yn Engedi, capel y Lôn Goed. A phan ddaeth
i'r oedfa i drio dweud mymryn o brofiad, fel hyn yr aeth
Ŵan Tomos o'i chwmpas hi:

'Roeddwn i'n dŵad am y capal y bora 'ma trwy'r Lôn
Goed 'na. Pob man yn dawal, ar wahân i ganu'r adar.
Ac wrth boeni be' gawn i 'i ddeud yma hiddiw, dyma
fi'n dechra siarad efo'r Brenin Mawr . . . 'dwn i ddim
oedd o 'ngurando arna i 'chwaith . . . ' (Mae'n siŵr gen i
fod gan yr Arglwydd fendith sbesial ar gyfer calonnau
sydd mor unplyg onest â hynyna.)

'Tybed beth y mae 'Bethesda 'yn ei olygu i chi? Wel, i
ni yng Ngwynedd, Bethesda yw'r dreflan nobl honno
sydd ym mro'r chwareli rhwng Bangor a Dyffryn

Ogwen. Mae'n wir fod crybwyll am y lle mewn adnod gan Ioan: Ac y mae yn Jeriwsalem wrth farchnad y defaid, lyn, a elwir yn Hebraeg, Bethesda.

Un tro, a John a minnau gartre o'r coleg am seibiant, ac wrth gael pryd o fwyd yn Nhŷ Lôn, dyma Ŵan Tomos yn gofyn:

'Be' 'dach chi'n ddysgu tua'r Bangor 'na?'

'Cymraeg . . . ac athroniaeth,' meddwn i.

'Groeg,' meddai John. 'Dipyn o Hebraeg hefyd.'

''Dach chi'n dysgu Hebraeg?' holodd Ŵan Tomos gan bwyso'n helaeth ar yr 'Hebraeg'.

'Wel ydan, yn trio, beth bynnag!'

'Duwch!' meddai Ŵan Tomos yn frwd a difrifol iawn. ''Does 'na ddim ryw Hebraeg Bethesda i gael ffor'na, 'dwch?'

Hebraeg Bethesda neu beidio, yn eu blaenau yr aeth y blynyddoedd gan ein tynnu i'w canlyn i'w wahanol ofal-aethau. Ar ryw ddathliad neu'i gilydd, roeddwn i'n traethu mewn gŵyl bregethu. Ac wedi'r oedfa honno, pwy oedd yn aros amdana fy tu allan i'r capel ond Ŵan Tomos, heb weld ein gilydd ers cyfnod pur faith. Brys-iodd ataf gydag ysgwyd llaw cynnes.

'Wyddost ti be'?' meddai'n heulog. 'Mi bregethist yn dda'r pnawn 'ma, do'n wir.'

'Wel, diolch yn fawr ichi, Ŵan Tomos.'

'Ond cofia,' ychwanegodd dan gymylu. 'Rydw i wedi dy glywad titha'n pregethu'n sâl hefyd!'

Roedd ei bwyslais ar y gair 'sâl' mor druan ag ydoedd o drwm. Ond fe wyddwn innau fod Ŵan Tomos yn hollol iawn.

J. R. Owen, Ohio

John Tŷ Lôn i ni. Roedd ei gartref yn y coed yn Eifion-ydd, o fewn dim i Blas Talhenbont. A'm cartref innau ddeng munud i ffwrdd fel y rhed bechgyn, o fewn dim i blas arall, Plas Gwynfryn.

Stad Gwynfryn oedd piau'r ddau blas, y coedydd, y ffermydd a'r tyddynnod, a hynny dros ddarn pur helaeth o wlad Eifionydd. Ac yr oedd yn y wlad honno gnwd o'r cymeriadau mwyaf gwreiddiol, ac enwi ond bwndel sydyn fel a ganlyn: John Williams, Nant Glyn; Willie Pierce Jones, Betws Fawr; Huw Roberts, Plas Hen; William Williams, Tŷ'n Gors; John Ifans, Hidiart; Dafydd Lodge a Wil Pencarth.

O grybwyll Wil Pencarth, un tro fe ddaeth criw teledu draw i ffilmio hanes y Lôn Goed enwog. Gosodwyd y camera o flaen William a gofyn a oedd wedi byw yn yr ardal ar hyd ei oes. 'Ddim eto!' oedd ateb y Wil tafotrydd.

Ond i mi, y cymeriad mwyaf gwreiddiol yn y darn gwlad hwn oedd Wan Tomos y soniais amdano'n flaen-orol. A'r Wan Tomos hwnnw oedd tad John Richard Owen a aeth i Ohio bell. Fe dyfodd John a minnau'n gyfeillion o'n mebyd gan ddilyn yr un llwybrau i bob man, pob man ond llwybr y capel. I Engedi, capel y Lôn Goed, yr âi John; i Moriah, capel y pentref, yr awn innau. Ond yr un oedd ein hysgol ni'n dau, ysgol Llan-ystumdwy. Ei cherdded hi tuag yno y byddem, wrth gwrs, dros filltir dda gen i ac yn agos at dair milltir gan John, a hynny ym mhob tywydd.

Gadael ysgol y pentre gyda'n gilydd am Ysgol Sir Porthmadog. O'r Ysgol Sir, i weithio'n dau yn Ffatri Laeth Rhydygwystl, ger y Ffôr. O'r ffatri laeth, troi ein dau tua'r weinidogaeth, ac i'r un un colegau ym Mangor, Aberystwyth a'r Bala. O'n mebyd cynnar hyd flwyddyn ola'r Bala, roedd John Tŷ Lôn a minnau wedi cyd-deithio'n ddifyr am ugain mlynedd solet, ac o'r

74

herwydd yn adnabod ein gilydd yn drwyadl mewn nerth ac mewn gwendid.

Wedi gorffen yn y Bala, dyma ni'n priodi geneth yr un o Sir Aberteifi. Merch o gyffiniau Ponterwyd a gefais i, a'm cyfaill yn priodi Joan o Lanfarian, a chael dau o blant, Roderic a Marian. (Gyda llaw, bachgen a geneth a gawsom ninnau hefyd.) Felly yr aeth John yn weinidog i Coventry yn y ddinas fawr, a minnau i Ddinmael yng nghanol y wlad. Dyna'r fan lle fforchodd ein llwybrau gan ein gwahanu yn derfynol, fwy neu lai. Cyn bo hir anelodd John am America tua Detroit, a thynnais innau am Benrhyndeudraeth. Toc, roedd John ar symud unwaith eto—am Ohio y tro hwn.

Gyda'r sôn am Ohio yn y gwynt, gelwais ar dro yn Nhŷ Lôn am fwy o fanylion, a dweud wrth ei dad:

'Rydw i'n deall fod John yn symud o Detroit. I ble mae o'n mynd, Wan Tomos?'

'Dyw! I ryw O-hôi, ne' rwbath!' atebodd yntau gan orfod ildio i ffawd galed man a lle mewn hyn o fyd.

Do, fe aeth John a'i deulu am Ohio, ac fe dynnais innau fel magned tua'r hen gynefin yng ngolwg y Lôn Goed yn ardal Rhos-lan a'r ddwy afon honno. Byddaf yn pasio heibio i Dŷ Lôn o hyd, ac er ei fod wedi newid dwylo fwy nag unwaith fe ddeil y cof am fynd yno i nôl menyn ac wyau a llaeth enwyn. Cofio bod yno'n helpu i droi'r corddwr yn y llaethdy bach, cofio chwarae efo John a'i chwiorydd, Bet a Grace, a chyda Tobi'r ci. Cofio bod yno'n hel eirin, a chael pigiad gan y gwenyn meirch. Yn ystod yr hafau hirfelyn hynny, byddai John a minnau'n lardio yng nghynhaeaf gwair y tyddyn ac yn cael benthyg trol a cheffyl Betws Fawr i gario. Cael llond aelwyd o groeso gan Misus Wan, a hynny ganwaith drosodd, gydag Wan Tomos yn doethinebu ar ben y bwrdd.

Gartref yn y Gwynfryn, yr oeddem ni'n dri brawd a dwy chwaer. Yno, yr oedd gennym ddeubar o fenygbocsio, a thros rai blynyddoedd bu'r tri brawd ohonom yn waldio'n gilydd fel Gwyddelod. Ond ni fyddai neb fawr gwaeth, ac fe barhâi brawdgarwch trwy bob sgarmes. Canlyniad yr holl focsio oedd ein bod yn eithaf gwydn ac mewn ffitrwydd cyson. Un nos o haf, daeth John ar ei sgawt, ac er nad oedd wedi arfer â chrefft bocsio, nid oedd byw na châi ef ffeit y noson honno. Yn anffodus, rhyw ffustio'r gwynt yn wallgof oedd dull fy nghyfaill o baffio, gyda'r canlyniad ei fod yn agored i'w gystwyo, a chyn pen tair rownd roedd John wedi llosgi'i egni allan o fod, fel cannwyll wêr. Fe gymerodd gryn ddwyawr cyn dod ato'i hun ond nid oedd neb yr un gronyn dicach o'r ddeutu.

Wedi iddo ymfudo i America, buom yn bras-lythyru â'n gilydd gydol y blynyddoedd. Ar brydiau byddai'n hawdd gan John gynnwys yn ei amlenni ryw ddalennau lliwgar ynglŷn â'i eglwys yn Lisbon, Ohio. Dyma frawddeg o un o'i lythyrau olaf ataf:

Er mwyn rhoi syniad o'r gweithgareddau yma, dyma amgáu rhai taflenni—pethau i'w darllen o ddifri, ac i greu ychydig o lefeli, fel arfer.

Lefiti, sylwer. Ysgafnder! O hir gydnabyddiaeth, roedd John yn gwybod trwy reddf y buaswn i'n lledwenu uwchben taflen grand gyda phethau arni fel *Organ Prelude*, a *Responsive Reading* a *Doxology and Dedication*; wedyn y teitl, *Reverend John R. Owen, Minister*, a rhes o enwau fel *Ushers* a *Candle Lighters* gyda dau enw fel Chip Stauffer a George Riggle gyferbyn â'r gair rhyfedd *Acolytes*. (A chyfadde'r gwir, ni wyddwn ar y ddaear beth oedd *acolyte* yng nghapel neb nes troi i'r geiriadur, a chanfod mai *attendant in the church* yw hynny.)

Ar awr wamal un tro wrth sgrifennu at John, euthum ati i lunio taflen o'm gwaith fy hunan gan greu patrwm dychmygol, litwrgïaidd o wasanaeth yng nghapel bach gwerinol y Lôn Goed. A chyferbyn â'r gair *Acolytes* gosodais enw'r pâr anghymarus: Dafydd Lodge a Wil

Pencarth. A phan ddaeth ateb i'r llythyr hwnnw, fe wyddwn fod y Reverend John R. Owen, Ohio, wedi bod yn chwerthin yn ei ddyblau!

Ar ôl ei farw, rwyf wedi derbyn nifer mawr o negesau teyrnged o America, ynghyd â chlwm o doriadau papur newydd ei ardal draw yno. Yn Lisbon, Ohio, ac ymhellach na hynny, y mae'r galar yn ddwys ar ei ôl, a'r tystio'n glodforus i'r gwaith enfawr a gyflawnodd. Er ei fyned, gosodir sawl anrhydedd i'w enw o hyd, a chlywaf y codir mwy nag un gofeb dros y dŵr i gadw cof yn fyw am John Tŷ Lôn.

Twt, John bach! 'Dydw i ddim wedi prin ddechrau sgrifennu amdanat ti. Ond 'chredi di byth gymaint o biti sy' gen i, piti dy fod di wedi mynd drosodd erioed. Ac wedi mynd drosodd mewn mwy nag un ffordd erbyn heddiw.

Henry Lloyd Owen

Deuthum ar draws Henry Lloyd Owen am y tro cyntaf erioed pan oedd ef a'i briod yn byw yn y Sarnau, ac yn magu'r ddau benfelyn, Gerallt a Geraint. Ac yno (yn ystod y pumdegau oedd hi) wrth oedi ar ryw berwyl, fe wyddwn yn syth fy mod ar aelwyd oedd yn anadlu diwylliant pur. Roedd y peth yn awyr y lle, mor naturiol â'r awel a'r niwl a'r glaw-tyfu.

Cynnyrch bendigaid cefn gwlad oedd Henry Lloyd Owen, ac mor naturiol ddiwylliedig fel mai prin y gwyddai ei fod felly. Neu, o leiaf, os ydoedd yn gwybod, ni fyddai fyth yn sôn am hynny. Pan fo Cymru wrthi'n traethu'n dragywydd-barhaus am ei diwylliant a'i hiaith a'i thraddodiadau, y mae'n arwydd tra phendant fod rhywbeth mawr o le. Ysywaeth, yr ydym yn drwm o dan nychdod felly erbyn hyn.

Fodd bynnag, yr oedd Lloyd Owen yn fwndel o ddiwylliant, o foneddigeiddrwydd ac o warineb, a'r cyfan oll mor naturiol iddo ag anadlu. Barnaf mai gan fyd Natur Fawr y cafodd lawer o'r doniau da hynny: pridd, llysiau, coedydd, anifeiliaid, adar, ymlusgiaid, gwaun, brwynog a thywydd a thymor. Gwybu am gymdeithas wledig fferm a thyddyn a phenty a phentre, am arferion bröydd a chrefftau gwladwyr, straeon a dywediadau. O ganlyniad, dôi'r goludoedd hyn allan ohono mewn cyflawnder o eirfa ynghyd â choethder ymadroddi.

Sylwer ar olud felly yn ei lyfr Atgofion Byd Natur: 'saethu cigfran yn codi o'i nyth ar astalch craig,' 'Gofalodd Natur hefyd nad oes drywydd ar ast dorrog, o'r cyfebru hyd yr esgor.' 'Gan mai anifail y nos ydyw (y mochyn daear) mae'n anodd profi'n bendant pa mor niweidiol yw: y mae'r gwyll o'i blaid.'

Wrth gyfarfod yn bythefnosol i ddarllen rhaglen Byd Natur, cefais fy swyno'n deg gan bersonoliaeth hyfwyn Lloyd Owen, heb sôn am ei arddull arbennig ei hunan wrth gyflwyno'i atebion. Llais cadarn, traethiad gofalus, pwyllog, gyda chryn bwyslais ar eiriau, a'r cyfan oll yn nhafodiaith hyfryd canol Meirionnydd. Yn hyn i gyd fe debygwn i fod deubeth, o leiaf, yn ddylanwad arno.

Un peth oedd ôl darllen dyfal o'i febyd ar lenyddiaeth llyfrau a chylchgronau dechrau'r ganrif — a chyn hynny, efallai — lle'r oedd y Gymraeg yn rhywiog gref a'r brawddegau'n fynych yn eithaf cwmpasog.

Peth arall oedd cefndir crefydd a chapel a Beibl a phregethu. At hyn, yr hen arddull gapelaidd o gyhoeddi yn ystod y cyrddau. Nid oedd yr un blaenor na diacon yn dweud: 'Mi wnawn ni'r casgliad rŵan.' Yn hytrach, roedd hi'n fwy tebyg i'r brawd hwnnw yn Rhos-lan:

'Yn bresennol byddys yn gwneud y casgl.' Dylid pwys-leisio mai o'r tu allan i'r capel y llaciodd John Roberts, Cae Coch, ei ymadrodd wrth ddisgrifio pregethwr y Sul: "Fedrach chi gael yr un salach 'tasach chi'n chwilio cyrrau'r greadigaeth efo lantar!'

Ond gyda Lloyd Owen, byddai'n paratoi'n ofalus a llafurus ar gyfer ateb ei lythyrwyr yn y rhaglen *Byd Natur*. Yn tynnu o'i brofiad maith ei hunan fel heliwr, gynt, yn y tir gwyllt ac fel amaethwr hefyd yn y tir gwâr. Yn ogystal â hynny, byddai'n chwilio a chwalu trwy lyfrau costus diweddar am bob rhyw wybodaeth bosibl.

Yna, byddai'n cyrraedd y stiwdio ym Mangor gyda phentwr o nodiadau, a'r rheini mewn llawysgrifen gain ryfeddol. Ond i gael Lloyd ar ei orau, byddwn yn ceisio'i ddenu oddi ar drywydd brawddegau caethiwus ei nodiadau, pethau fel 'y gath yn cario llygod at y tŷ, nid i ddangos ei gorchestwaith yn y ffaith ei bod hi wedi bod yn alluog i'w dal nhw . . .'

Dyna un rheswm pam y byddwn yn torri ar ei draws ar brydiau gyda chwestiwn nad oedd yn ei ddisgwyl, dim ond er mwyn clywed Lloyd yn ateb yn fyrfyfyr, â'i Gymraeg llafar yn wefreiddiol. Yn y man, fe ddôi yn ôl at ei fater wedi colli pen-llinyn y nodiadau, a gofyn fel y gwnaeth yn ei ddarllediad olaf un: 'Be' o'n i'n drio'i ddeud, deudwch?' A phetai'r rhaglen honno'n deledu, gellid bod wedi dal y wên fwyaf direidus ganddo!

Y drefn wrth ddarlledu *Byd Natur* yw fod y pedwar ohonom yn eistedd o gylch y bwrdd, llythyrau ar wasgar hyd-ddo, a phob un gyferbyn â'i feicroffon personol. Ond fel cadeirydd y seiat yr wyf i'n gorfod gwisgo cyrn-clywed yn ogystal; diben y rheini yw galluogi'r cyn-hyrchydd sydd mewn ystafell wydrog o'r golwg i gadw mewn cyswllt â'i r darllediad. Gall ef siarad â mi drwy'r cyrn heb i neb arall glywed. Y math o neges a geir gan y cynhyrchydd fydd bod tri munud i fynd, dyweder; neu awgrymu imi roi llythyr 'yr wylan' i Breeze yn lle hwnnw am 'y dryw'. Dro arall, ceir pethau fel: 'Well iti ofyn be' ydi'r gair Cymraeg am 'Bittern' ym Môn,' neu 'Hola Elwyn pa bryd y mae'r fuwch-goch-gota'n ymddangos.'

Pan ddaw negesau fel yna ataf trwy'r cyrn, nid gwiw imi feddwl ateb y cynhyrchydd yn ôl, neu fe ddaw'r llais i'r awyr gyda'r panelwyr, er dryswch i bob gwrandawr! Yn arferol, byddaf yn dilyn pob un sill ac ateb gan y panelwyr wrth lywio'r rhaglen gan wrando'n astud iawn ar bopeth, am y gallaf wedyn godi cwestiwn pellach er mwyn trafod, a chael ychwaneg o oleuni, heblaw ei bod o'r herwydd yn swnio'n seiat gartrefol braf. Ond os digwydd y cynhyrchydd fod yn siarad â mi drwy'r cyrn, yr wyf wedyn o raid yn colli rhediad y panelwyr am rai eiliadau.

Un tro, fel yr oedd Lloyd Owen wrthi'n trafod llwynogod mewn daear yn y Berwyn, daeth llais isel y cynhyrchydd trwy'r cyrn ataf: 'Cofia ddweud ar ddiwedd y rhaglen fod llythyr ynghylch difa'r pry-llwyd i gael ei drafod yn y rhaglen nesaf. A bod yna ddau lythyr arall hefyd yn cyfeirio at yr un broblem.'

Wedi deall yr hysbysiad uchod yn dawel ar y cyrn, sylwn fod Lloyd wrthi'n gyrru ymlaen yn ddyfal (fel y dylai) ond heb fawr wybod fy mod i wedi colli cryn hanner munud o rediad ei ateb. . . a 'doedd dim amdani ond saethu,' meddai Lloyd. 'A mi saethais ddau arall yn syth ar ei ôl o, 'dech chi'n gweld. . .'

Erbyn hyn, nid oedd gennyf syniad am beth yr oedd wedi bod yn sôn, felly er mwyn cael pen-llinyn ar ei stori, mentrais dorri ar ei draws:

'Wnaethoch chi saethu'r pry llwyd, Lloyd?'

Edrychodd yn hurt iawn arnaf am eiliad.

'Wel, naddo debyg. Saethu'r llwynogod wnes i. Am lwynogod rydw i'n sôn, yntê?' meddai'n uchel a siarp, heb fawr feddwl am y cwlwm oedd ar draws fy meddwl! A dyna'r tro hwnnw wrth drin cwestiwn ar ystumod, gyda Lloyd yn gorffen ei druth: 'Mae'r llythyrwr yn gofyn i ble'r aeth yr haid yma o ystlumod. Wel, wn i ddim,' meddai gyda chryn bwyslais ar ei ragenw ei hunan, gan ychwanegu: 'A dŵyr *neb arall* 'chwaith!' Ac felly y rhoes ben terfynol ar y mwdwl hwnnw.

Ysywaeth, yr oedd yr anochel ludded yn ei ddal. Teimlai'n fwyfwy bregus yn oerfel llym y gaeaf hwnnw, ac yn fwyfwy llesg yn hin or-danbaid yr haf a'i dilynodd. Y dyddiau hynny, dechreuodd ddweud na byddai'n dod i ddarlledu mwyach. 'Cofia di,' meddai, 'mai ar amser benthyg ydw i bellach.' Ond fe gafodd ddal ati i ddarlledu hyd ei raglen olaf un.

Yn y rhaglenni hynny, os Lloyd Owen fyddai'n dig-wydd bod yn traethu ar gwestiwn olaf y rhaglen am y tro, y drafferth fawr fyddai rhoi taw arno. 'Lloyd!' fyddai f'ymbil fwy nag unwaith, ''does gynnoch chi ond tri chwarter munud, cofiwch.' Ond fe âi Lloyd yn ei flaen fel petai ganddo dri chwarter blwyddyn. Minnau yn y diwedd yn gorfod torri'n gleddau ar ei draws er mwyn cloi'r rhaglen i'r eiliad, fel y mae'n rhaid gwneud gyda'r cyfrwng didostur.

Torri ar draws ffrwd o eiriau y byddwn i. Ond ar ei bnawn olaf o foduro, torri ar draws ffrwd o draffig a wnaeth Lloyd, o achos bod rhaglen ei fywyd yntau'n dod i'w therfyn. Mae'n ddiamau fod peiriant y galon wedi diffodd cyn i'w gerbyd wneud. O'i bath, bu'n ddamwain weddol garedig. Fe allasai ef fod wedi'n gadael mewn stryd boblog, galed, gan greu dinistr. Fe allasai fod wedi cilio'n sydyn i ward ysbyty ddieithr. Ond fe ddaeth Lloyd Owen â'i raglen i ben wrth droed y Migneint, bro'r llwynog a'r gigfran, bro'r crawcwellt a'r grug. A bwrlwm nant y mynydd.

A rywfodd, gan mai mynd oedd raid, ni fedrai pethau fod fawr caredicach na hynny.

Idwal Jones, Llithfaen

Mis Awst 1947 oedd hi, a'r Eisteddfod Genedlaethol ym Mae Colwyn. Roedd criw ohonom yn gwersylla, blith draphlith, mewn ysgol yn Hen Golwyn, ac ar fin ffordd fawr heb fod ymhell o'r ysgol, yr oedd caffi bach hwylus ryfeddol. Un diwedd pnawn, fel yr oeddem yn cerdded yn ôl o faes y Brifwyl, dyma rywun yn awgrymu mai syniad da fyddai troi i'r caffi bach am rywbeth i'w fwyta.

'Iawn!' meddai Idwal. 'Cerwch chi i'r caffi, hogia. Mi reda' inna draw i'r ysgol i nôl pres—rydw i wedi bod heb fy waled trwy'r dydd.'

Fel y rhedai Idwal am yr ysgol, troesom ninnau tua'r caffi. Yno, yn dal llygaid pawb ar silff y tu ôl i'r cownter yr oedd rhes o wydrau lliwgar, tal. Ym mhob gwydryn yr oedd haen ar haen o hufen iâ bob lliw, gyda mefus, mafon, cnau a phethau felly yn y gymysgfa, coron o geirios coch ar y brig, gyda dwy fisgeden denau ynghlâdd dros y cyfan.

Bechgyn y wlad oeddem ni i gyd, heb weld danteithyn o'r fath erioed o'r blaen ond yn y pictiwrs. Y pnawn hwnnw, daethom i ddeall mai'r enw crand ar y peth oedd *sundae*. Eisteddodd pawb ohonom o gwmpas bwrdd y caffi, a'r ferch wrth y cownter yn tynnu'r holl *sundaes* oddi ar y silff, a'u gosod o'n blaenau gan estyn i bob un lwy, wyth modfedd mewn hyd, ar gyfer tyrchu tua gwaelod y gwydrau hirgul, bid siŵr.

Ar hynny, cyrhaeddodd Idwal yn ôl o'r gwersyll ysgol gyda'i waled yn ei law, a phan welodd y ffiolau llachar o'n blaen, cerddodd at y cownter i ofyn am un. Ond cyn torri gair â'r weinyddes, plygodd yn isel atom ni, a gofyn:

'Be' ydi enw'r stwff yna?'

'Sbryffet,' meddai Wil Sam gyda sobrwydd seraff.

'Yes, *please*?' galwodd y ferch tu ôl i'w chownter.

'Y—sbryffet,' meddai Idwal.

82

'Pardon?'

'One sbryffet, please.'

'One what?' holodd y ferch yn ddryslyd.

Plygodd Idwal yn isel at y bwrdd unwaith eto, a phledio am help.

'Sbryffet,' meddai Wil Sam wrtho'n ddifrifddwys iawn am yr eildro.

'Sbryffet, please,' archebodd Idwal gyda chadernid. Ond pan ddaeth gwawch o gyfeiriad yr eneth, fe welodd Idwal yntau'r digrifwch o'r diwedd. Parodd hynny iddo ymsuddo'n araf i'w ddyblau ar lawr y caffi gan wichian chwerthin yn gwbl aflywodraethus nes bod ei lygaid glas yn dylifo'n ffrydiau.

Mae yna sawl Idwal Jones pur enwog yn hanes cenedl y Cymry, fel y gwyddom, ond Idwal Jones, Llithfaen yw hwn, hoelen wyth arall o gyfaill. A phan fu Idwal farw'n sydyn ddiwedd 1983, fe ddaeth holl firi dyddiau coleg Aberystwyth yn ôl imi gyda'r gymysgedd ryfeddaf o deimladau: 'wylo cariad pur yn ddagrau melys iawn', meddai Pantycelyn un tro.

Byddai gan y coleg gêm bêl-droed bob pnawn Mercher, ac Idwal oedd gôl-geidwad y tîm. Ond yr oedd fy nghyfaill wrthi mor ymroddgar nes dod adre o bob un gêm gyda swm o anafiadau, a gorfu iddo fynd i'r ysbyty unwaith neu ddwy. Un bore Gwener, mewn darlith ar Athroniaeth, wele Idwal yn llewygu'n glwt ar ei ddesg. Wedi i'r meddyg archwilio'r claf, y dyfarniad oedd 'delayed concussion', fel yr oedd yn ymddangos, ar ôl gêm y pnawn Mercher cynt. A phan ddaeth efe ato'i hun, dyma Idwal yn cael cwrs cofiadwy o chwerthin oedd yn hollol ddiymatal. Eglurodd wedyn mai'i weld ei hunan a wnaeth yn dioddef mor ddiystyr ac mor ddiangen dros ddim mor bitw.

Roedd un rheol bwysig ar fynd yn ein hathrofa ni: nid oedd neb fyth i adael y coleg heb ofyn caniatâd y Prifathro. Ond er gofyn, ni allech fod yn siŵr ddiogely

83

caech fynd wedyn ychwaith. (Achosodd gwrthodiad felly broblem bur ddwys i sawl myfyriwr.)

Un nos Iau, roedd Idwal (am na fedrai fforddio cael ei wrthod) wedi penderfynu ei mentro gan obeithio na welai'r staff ei golli. Felly, yn blygeiniol iawn drannoeth, yr oedd ef a'i gês wedi sleifio i ddal trên cynnar, a'i fwriad teg y diwrnod hwnnw oedd cyrraedd adre i helpu'i dad gyda'r cynhaeaf tatws.

Ar ôl brecwast yn y coleg (ai o sylwi ar absenoldeb Idwal, ni wn) daeth y Prifathro ataf gyda'r cais hwn:

''Fasach chi'n gofyn i Mr. Idwal Jones ddod i'ngweld i ar ôl cinio?'

'Mi wna'i, syr,' meddwn innau, heb fradychu dim ar ddiflaniad fy nghyfaill, a diolch hefyd fod rhai oriau eto rhwng brecwast a chinio.

A'r hyn a wneuthum yn ddirgel oedd rhedeg fel ewig am y stesion, astudio'r amserlen ar y wal, a sylwi y dylai trên Idwal fod yng ngorsaf Harlech o fewn y chwarter awr nesaf.

Ati ar unwaith i deliffonio gorsaf-feistr Harlech, rhoi'r enw 'Idwal Jones' iddo, gyda disgrifiad o'm cyfaill a'i gês, a chyfleu'r neges ei bod hi'n hollbwysig i'm cyfaill ddod yn ôl am Aberystwyth ar y trên cyntaf posibl. (Dëellais yn ddiweddarach mai fel 'Lemuel' Jones y cafodd Idwal ei gyfarch gan y gorsaf-feistr!)

Ymhen sbel wedi imi redeg yn ôl i'r coleg, dyma'r teliffon yn canu. Idwal yn siarad o Harlech gan holi beth oedd yr helynt. Minnau'n egluro ei fod mewn cornel, a bod y Prifathro am ei weld ynglŷn â rhywbeth ar ôl cinio'r pnawn hwnnw.

'Ond 'does gen i ddim pres i dalu am drên yn ôl!' protestiodd Idwal.

'Gwranda!' meddwn i. 'Rhed am dy fywyd i Goleg Harlech, hola am Meredydd Evans, ac yr wyt ti'n siŵr o gael benthyg yn fan'no.' (Braf yw cael tystio i Meréd, y bore hwnnw, fod mor driw ag erioed gyda phlant y codwm.)

Cyn pen teirawr arall, roeddwn yn sefyll unwaith eto yng ngorsaf Aberystwyth, a thoc dyma Idwal allan o'r trên i'r platfform—efô a'i gês!—ac yn graddol suddo i'r llawr dan chwerthin yn deilchion ulw. (Wedi'r cyfan, a welodd neb erioed unrhyw beth mwy gwallgof na bod stiwdant tlawd yn codi ben bore glas heb frecwast, yn sleifio gyda'i gês ar drên o Aberystwyth i Harlech, yn benthyg pres yno gan ddyn diarth, ac yna'n troi yn ôl ar y trên nesaf un o Harlech yn syth am Aberystwyth unwaith eto? Ac o'r cychwyn cyntaf, wedi gorfod talu'n ddrud am y ffasiwn drip mewn amser ac arian, heb sôn am drafferth ac egni.)

Y diwedd fu i Idwal benderfynu cael car, ac fe drawodd ar fargen gyda rhyw bobol ffair. Cerbyd gwanllyd oedd hwnnw gyda sŵn fel injan-bwytho, a'r enw MATILDA ar ei grwper. Cerbyd braidd yn od, a dweud y lleiaf, i fynd o gylch capeli'r saint. Un pnawn Sul, wrth yrru trwy'r troellffyrdd culion rhwng Llecheiddior a Bwlchderwin, dyma MATILDA yn troi ar ei hochr. Ond wedi ymlafnio am sbel, fe lwyddodd Idwal i gael y cerbytyn bach yn ôl ar bedair olwyn, a chyrraedd yr oedfa ddau yn hwyr, ac yn ddu fel Manasse.

Byddai Idwal wrth ei fodd ym myd canu hefyd. Fe ganodd lawer ar 'Mari Fach fy nghariad' Tai'r Felin, ac 'Anniversary Song' Al Jolson. Ond byddai yn ei nefoedd gydag oratorio. Gallaf ei weld eto (onid ei glywed) yn pwyso ar ganllaw uchaf grisiau'r coleg, gan daro'r unawd honno allan o *Judas Maccabeus* Handel:

'Sound an alarm! The silver trumpet, sound!'

Ac fe ddylai gorfoledd felly sobri rhywfaint ar Angau Gawr, 'does bosib.

85

Idwal Jones, Llanrwst

'Chredwn i byth y byddai'r chwithdod mor ddolurus, ond bûm â'm pen yn fy mhlu am ddyddiau ar ôl ei golli. Ni fydd Cymru na Llanrwst yn hollol yr un fath eto.

Gallwn alw unrhyw bryd heibio i Idwal a'i wraig ('Min', chwedl yntau) a chael yr un croeso bob tro, y croeso cwbl ddi-lol hwnnw sy'n digwydd rhwng hen ffrindiau a'i gilydd.

Roeddwn i bregethu yn Llanrwst ar ryw berwyl, ac Idwal yn egluro mai gyda Min ac yntau y byddwn yn bwrw'r Sul. Ardderchog! Ond ychydig cyn y diwrnod mawr, canodd y teliffon gydag Idwal yn ymddiheuro am fod Min yn gorfod mynd i Lundain, ond y byddai ef yn trefnu imi gael cinio ar aelwyd arall. Protestiais innau nad oedd unrhyw ots gen i am ginio, y gwnawn i'n burion efo te-a-brechdan, ac mai'r peth mawr oedd inni gael sgwrsio gyda'n gilydd rhwng oedfeuon.

Ar ôl oedfa'r bore hwnnw, anelais yn syth am dŷ Idwal, ac wedi cael paned, mynd ati'n dau i baratoi math o ginio. Fy ngwaith i oedd torri tafelli o fara menyn, ac Idwal yntau'n gosod deuddarn o gig yn llond padell ffrio, a thân dani. I aros i bethau wneud, aethom i'r ystafell arall i gario ymlaen â'r sgwrsio difyr-raf erioed. Ymhen hir a hwyr, fe gofiodd Idwal am y ffrio, a chyn pen dim daeth yn ôl, y badell yn ei law, gan sibrwd yn araf uwchben y cigach: "Drycha, wedi mynd yn betha bach maen nhw. 'Fasa'n well inni'u byta nhw'r munud 'ma, d'wad, cyn iddyn nhw ddiflannu?'

Pan oeddem ni ar ganol bwyta, cododd Idwal yn sydyn gan egluro fod yna ail gwrs i fod. Agorodd dun pwdin reis a'i dywallt i sosban, a thân o dan honno, hithau. Ac yn ôl â ni unwaith eto dan gyllellu trwy'r cigoedd gwydn, a siarad fel dau firman.

Toc, clywsom ryw aroglau melys a dieithr yn ymhidlo i'r ystafell. Ras i'r gegin. Llond y fan honno o fwg, a'r pwdin reis wedi berwi drosodd nes bod y stôf i gyd yn ffrothio. A chynnwys y sosban — hynny oedd ar ôl — yn un stwnsh melynddu. Am y chwarter awr nesaf, buom wrthi'n dau wedi torchi llewys, gyda chadachau a brwsys a dysglau yn trio glanhau'r stôf cyn i Min weld y llanast pan ddychwelai o Lundain.

'Be' wna' i efo hon, Idwal?' meddwn i, gan ddal y sosban bygddu hyd braich o'i flaen.

'Rho hi allan yn y cefn, Robin bach. Mi geith cathod Llanrwst lyfu honna!'

A chan mai fel yna y daeth diwedd cymharol alaethus ar ginio Idwal a minnau, dyma gilio tua'r lolfa i siarad a siarad am fyd ac eglwys, am bregethau a phregethu, gwledd oedd yn llawer mwy amheuthun, a'i bwrdd yn un anodd, anodd ei adael fel y dynesai oedfa'r pnawn.

Bûm yn cyd-bregethu ag Idwal droeon. Byddai bob amser yn pregethu'n dda ac yn ddifyr, ond mewn ambell oedfa fe'i clywais yn wir wefreiddiol. Credaf mai ym Mwlchtocyn yr oeddem ni, a'r capel yn llawn dop. Ar ôl i mi bregethu, dyma'r cyhoeddwr yn galw ar ddau hogyn i fynd o amgylch gyda'r casgliad. Wedi hynny, aeth Idwal i'r pwlpud, a'i bwnc y noson honno oedd 'Braint yr Efengyl'.

'I chi gael dallt,' meddai Idwal wrth ei gynulleidfa, ''dydw i ddim ffit i bregethu. Dim ond fod yr Efengyl yn rhoi'r fraint i mi drio pregethu, ynte? Mae'n debyg eich bod chi'n canmol y ddau hogyn ifanc yma am fynd rownd efo'r casgliad gynna', a chwara teg iddyn nhw am neud, wrth gwrs. Ond bobol! Triwch ddangos i'r bois bach mai eu braint nhw ydi cael bod yma. A'ch braint chitha ydi cael bod yma, o ran hynny.

'Rydan ni'n sôn yn amal am Gymru fel ''Gwlad y Breintia Mawrion'', on'd ydan? 'Fedrwch chi ddeud wrtha i pa fraint ydi cael byw yng Nghymru heddiw? Pipia di d'ecsam yn y coleg 'na, 'ngenath i, a mi gei di weld lle bydd dy fraint di'n gorffan! Stopia di dalu dy rent, mêt, a mi gei ditha weld faint o *fraint* y di cael byw yng Nghymru fach!'

Ac fel yna'r oedd Idwal yn gweithio ar ei fater gan fynd rhagddo o nerth i nerth. Hoelen wyth, heb os! Onid oedd ganddo'i ffordd wreiddiol ei hunan o bregethu, ei ffordd ei hunan o siarad, ei ffordd ei hunan o wisgo, a'i ffordd ei hunan o fyw? Roedd yna ryw athrylith aflonydd yn dygyfor trwyddo mewn meddwl a dychymyg. A dwylo hefyd. Pa ryfedd iddo roi cynnig ar gymaint o fentrau yn ystod ei oes brysur! Meitro fframiau pictiwrs, porthi moch, tynnu lluniau, cadw ieir, gwneud casetiau, creu rhaglenni, sgrifennu llyfrau—a'u hargraffu, rai ohonyn nhw.

"Wyddost ti be' fasa'n gweithio'n iawn yn Llanrwst 'ma?'

'Be', Idwal?'

'Agor *launderette*. Wyt ti'n gêm?' (Ond fe wyddai ei fod yn gofyn i'r dyn busnes mwyaf anobeithiol a aned.)

Mae'n amhosibl dirwyn hyn o gofio heb gyfleu cymeriad mor ffeind oedd Idwal. Onid oedd pob pregeth ganddo'n cymryd ochr y truan a'r gwan? Ac nid Twm bach a Gwen oedd yr unig rai, o bell ffordd. Câi ei dynnu fel magnet i bledio achos y rhai oedd mewn helynt a thrafferth. Fel ei Feistr, cyfaill pyblicanod a phechaduriaid oedd Idwal a'i galon fawr.

Trwy wyll chwarter canrif a mwy bellach, fe ddaw'r cyrddau hynny yn ôl yn eglur . . . pan oeddem mewn capel bach yng nghanol gwlad Ceredigion, a gwraig y Tŷ Capel wedi'n gwarchod yn dirion gydol yr ŵyl. Wrth fynd am wynt ar hyd ffordd unig y wlad cyn oedfa'r nos, dyma Idwal yn dweud: 'Rhyw feddwl yr oeddwn i rŵan am ddynas y Tŷ Capal 'na sydd wedi tendro arnon ni trwy'r dydd. Gwraig weddw ydi hi, 'sdi, a'r plant bach 'na isio'u magu. Be' ddeudid di 'tasan ni'n rhoi rhyw buntan bob un iddi hi?'

Cytuno'n ddibetrus, wrth gwrs. A hyd heddiw, ni allaf anghofio'r wraig annwyl honno'n dod i ddiolch i ni'n dau wrth ffarwelio, a'i gwerthfawrogiad mor gynnes. Ond mae'n rhaid i mi gyfaddef mai Idwal oedd piau'r galon garedig y tu ôl i'r syniad.

Mae'r chwithdod yn dal i ddolurio.

Douglas Ellis

Flynyddoedd yn ôl bellach, wrth ddarlithio ar y Tri Bob hynny, rywle yng nghorff y traethu byddwn yn arfer dyfalu beth oedd yn gwneud 'cymeriad'. Hyd heddiw ni wn yr ateb cyflawn.

Y dydd o'r blaen, wrth browla trwy bentwr o ddalennau, dyma ddod ar draws toriad o bapur newydd (1977) yn cofnodi angladd Douglas Ellis. Daeth y cyfan yn ôl fel rhedeg rîl o ffilm, ac heb unrhyw amheuaeth yr oedd y Douglas hwnnw'n ffitio'n deidi i ffrâm 'cymeriad' —ei ffrâm ei hun, wrth reswm, am nad oes ond honno a ddichon ei gynnwys.

Yn awr, ystyrir ambell un yn gymeriad oherwydd y pethau od sydd wedi digwydd iddo; trwstaneiddiwch, caff gwag a phethau hynod o'r fath. Ond am Douglas, nid oherwydd un dim a wnâi y dôi'r 'cymeriad' i'r amlwg yn gymaint a'r hyn a ddywedai. Yn ychwanegol at hynny wedyn, roedd ganddo'i ffordd, ei idiom ddyrys, wrth ddweud y pethau hynny.

Roedd sylwi ar ei wyneb yn rhan o'r difyrrwch: direidi'r llygaid glas hynny, gyda winc awgrymog bob hyn a hyn, a'r gwefusau'n cilwenu'n gynnil i ganlyn y sylwadaeth. Gan mai trwy ddweud y dôi'r gwreiddioldeb allan, o'r herwydd yr oedd y llais yn hawlio sylw, llais eithaf cryf, lled-galed, fymryn bach yn drwynol.

Pan fyddai Douglas yn mynd trwy'i bethau, ar brydiau felly fe geid ganddo dalp pur annisgwyl o'r Saesneg rhyfeddaf. Nid snobyddiaeth ar unrhyw gyfrif oedd y

Saesneg hwnnw, ond rhyw ychwanegiad gwamal a ffug-bwysig oedd yn rhan o'i jôc-ymadroddi, fel petai. Athro ysgol yn Mhenrhyndeudraeth ydoedd wrth ei grefft, a chyda'r gwyliau haf yn dod i ben, a'r ysgol yn agor drannoeth, hwn oedd sylw Douglas wrthyf: 'Wel, yr adag yma fory, mi fyddwn ni'n ôl yn y *Salt Mines*!' Ac onid ar ôl gwamalrwydd eu hathro'n sôn am yr Indiaid Cochion yr agorodd un disgybl ei draethawd i Mr. Ellis? *'This event took place many moons ago...'*

Yn ogystal â bod yn athro yn y Penrhyn, roedd Douglas hefyd yn flaenor yng nghapel Gorffwysfa. Felly, yn wir, wrth symud o Ddinmael i'r Penrhyn y deuthum ar ei draws gyntaf erioed. Yn raddol daeth i'm cyfarch gydag un o bedwar teitl, sef Chief, y Bugail, Chum neu R.O.G.—gyda'r ynganiad 'Aroji'.

Ddiwrnod yr ymfudo o Ddinmael, daeth y Douglas Ellis caredig hwnnw atom gan hysbysu: 'Rŵan, chief! Wedi ichi orffen dadbacio, dowch i lawr yn syth at Maureen a finna. Mae acw banad yn mynd rownd y ril. Oni bai amdanon ni mi fasa Brooke Bond wedi mynd yn *broke*! Dowch chi a Mrs. Williams a'r plant i'r tŷ —*any time*. O! ia. 'Dw i'n dallt fod gynnoch chi gi— wel, dowch a'r brawd hwnnw hefyd i'r tŷ. *The more, the merrier*!' (Yna'r winc honno y deuthum mor gyfarwydd â hi am flynyddoedd i ddilyn.) 'Mi gym'rwn ni'r job lot ohonoch chi, *for a small consideration, yntê!*'

Yn ei dro, byddai Douglas yn cymryd ei fis i gyhoeddi o'r sêt fawr, gan groesawu'r pregethwr a diolch i'r hwn ac arall. Fel rheol, byddai'n dechrau'r gwaith hwnnw gyda'r ymadrodd, 'Wel, gair bach yn fyr ac yn flêr...' Ond unwaith wedi cychwyn, gallai'r pethau rhyfeddaf ddod allan.

Yn ôl f'arfer, roeddwn wedi rhoi pregeth i'r plant yn oedfa'r bore, a'r tro hwnnw roedd gennyf fagnet anferthol ei bŵer ar gyfer dangos i'r plant fel yr oedd hwnnw'n tynnu ato'i hunan bethau o'r un natur ag ef ei hun. Roedd gennyf lond plât o lwch llif, ac yng nghanol y llwch llif yr oedd ugeiniau o hoelion mân, mân. Yr amcan oedd tynnu'r magnet trwy gymysgedd lychlyd y plât, ei godi hyd braich, a dangos i'r plant fel roedd yr hoelion wedi cydio'n dynn yn y magnet gan adael y cyfan o'r llwch ar waelod y plât.

Wedi i'r criw ifanc ryfeddu at y wyrth honno, rhan nesaf y 'bregeth' oedd gosod clwstwr o binnau ar bapur, yna rhoi'r magnet o dan y papur, a chael fod y metel hynod yn dal y papur a'r pinnau — eu dal hyd yn oed â'u pennau i lawr, gan herio Deddf Disgyrchiant erbyn hynny. Roedd y rhai ifengaf un wedi dotio'n lân.

Ar ddiwedd yr oedfa, cododd Douglas i gyfarch y gynulleidfa ac i groesawu ambell un dieithr oedd wedi troi i mewn. 'Ac am y bregath gawson ni'r bora 'ma, wel, 'dwi'n siŵr y basach chi'n falch 'taswn i'n diolch i David Nixon am ei drafferth efo'r plant.' (Bryd hynny, ar y teledu roedd triciau'r dewin hwnnw'n boblogaidd iawn.)

Erbyn nos Sul, gellid cael bwndel tra helaeth o hysbys-iadau oddi wrth gapeli eraill y Penrhyn, a'r noson honno, gyda llond ei ddwylo o bapurau o wahanol liw a maint, bwriodd Douglas at waith y cyhoeddi: 'Nos Lun yn Nasareth—cyngerdd gan Barti'r Dyffryn. Nos Fawrth yn Eglwys y Plwy—cwrdd Efengylaidd. Nos Fercher, yma yn Gorffwysfa—seiat am saith. 'Rhoswch funud bach, mae yna un arall yn fa'ma: Nos Iau ydi hwn, festri Carmel, darlith gan T. L. Griffiths. Ac os na fyddwch chi wedi cael digon o gapal efo'r rheina i gyd, dyma ichi un eto: Nos Wener—pregath yn Bethal am saith.'

I bawb oedd yn adnabod Douglas, nid oedd un dim dilornus mewn cyhoeddi mor rhyfedd, dim ond bod yr hiwmor dibenffrwyn hwn yng ngwead ei berson yn mynnu cael carlam gan sblasio am ben 'arferoldeb' pethau.

Galw heibio i Llannerch un min hwyr ar fy ffordd i'r festri, a hithau'n niwlog ddifrifol, ac wedi bod felly yn dywyll a digalon ers deuddydd solet.

'Am dywydd, Douglas!'

'Wyddoch chi be', R.O.G.? Mi faswn i'n gneud gwell tywydd efo cyllall a fforc!'

O sôn am dywydd, un noson fe gawsom storm an-arferol iawn, gwynt dychrynllyd, glaw llifeiriol, wedyn mellt a tharanau, ac yna'n goron ar ben y cyfan cawod arswydus o gesair oedd yn clecian dros y lle nes body Penrhyn yn wyn i gyd.

'Noson fawr neithiwr, Douglas.'

'On'd oedd hi'n felltigedig, chum? Roedd hi'n bwrw *as from a cruck!* Wyddoch chi'r gwynt mawr hwnnw? Wel, yn Stad Adwy Ddu 'na, roedd y cathod yn mynd trwy'r lle fel 'tasan nhw'n *jet-propelled!* A mae llechi'r capal 'ma fel confetti dros bob man. Corwynt, glaw, mellt, trana, cenllysg . . . wyddoch chi be', chief—*he threw everything in the book at us!*'

Un Awst, buom yn rhodio'r gwyliau yn Iwerddon gyda Maureen a Douglas. Bob hyn a hyn mae gofyn i ddyn ar wyliau ofalu bod ganddo ddigon o bres i dalu i fforda mewn tir dieithr. Fe gofiaf sefyll ar y palmant yn Galway, wrthi'n cyfri f'arian cyn mentro i mewn i siop lyfrau. Yna, wrth sowlffa trwy'r cownteri, ac mewn cyfyng-gyngor a fedrwn fforddio'r tri llyfr oedd yn fy llaw, clywn lais dros f'ysgwydd: 'Gwrandwch, chum. Prynwch y tri. 'Waeth ichi dorri ar lawar nag ar 'chydig!'

A dyna'r tro hwnnw ar derfyn oedfa nos Sul wrth ddod i lawr o'r pwlpud . . . Douglas wrth droed y grisiau yn estyn ei law dde i 'w siglo, a chyda'i law chwith yn estyn mint-imperial imi: 'Pregath dda, chief. Roedd yma *gate* dda heno hefyd. A gwrandwch! Mi neith honna ichi'i fflogio hi rownd y Sowth 'na!' A'r winc ddeallgar yn clensio'r cyfan.

Douglas, gyda'r gair garwaf ymlaen bob amser. Ond o bawb, Douglas Ellis oedd y mwyaf parod ei gymwynas, y mwyaf gwastad ei dymer a'r tirionaf ei natur a gwrddais erioed. Er i'r blynyddoedd ddiflannu, fe ddaliaf at y gosodiad yna. Ac ni synnwn yr un tipyn ei glywed yn porthi'r sylw uchod:

'Every time, chief!'

Aethwy

'Os mêts—mêts!'

Llais cryf, lled drwynol yn gollwng yr ebwch gyda goslef pregethwr o'r dyddiau gynt, a'r teirsill hynod yn cael eu mynegi mewn swm o frwdfrydedd ac ymroddiad pur lwyr: 'Os mêts—mêts!' Fel y byddai'r cyfeillgarwch yn cynhesu gellid hepgor un sill, a dweud dim ond 'Os mêts!' Ac wedi i'r ymgydnabod aeddfedu'n llawn, byddai un sill yn unig allan o'r tair yn ddigon. Dim ond winc llygad neu arwydd llaw, a dweud 'Os!' Yn syml fel yna, a'r cyd-ddeall o'r ddeutu'n berffaith.

Swm a sylwedd y progresiwn oedd mynegi na cheid un dim chwit-chwat rhwng mêt a mêt. Nid oedd perygl unrhyw frad, ni chyflawnid unpeth yn wrthgefn, ac yr oedd yn ddiogel trwy'r tew a'r tenau y byddai'r mêt yn cadw'n driw. 'Os mêts—mêts!'

Crëwr yr ebychiad rhyfedd uchod oedd Henry Aethwy Jones. Pe dôi fyth ofyn am hynny, gellid cynnwys ebychiadau pellach o'i eiddo: pethau fel 'Ei di o'ma!', ''Nei di beidio!', 'Dos o'ma', 'The boat is rocking', 'Yn awr rydym yn agoryd y deml', ac 'I be'? chadal-Huw-Jôs-portar-Llanarchmedd', ynghyd ag eraill o ddyrys wead.

Cyfaill o Lerpwl oedd Aethwy, a brawd i'r diweddar fardd-bregethwr, Elis Aethwy, y ddau yn feibion i'r Parchedig R. Aethwy Jones, gweinidog Newsham Park, ac un o golofnau'r Hen Gorff. Yn gynnar yn ei oes bu Aethwy yn drafaeliwr i Gwmni David Jones, Lerpwl, ac yn drafaeliwr pur lithrig ei ddawn, heb ddadl. Yna, bu am gyfnod yn y Fyddin, ond bu'r drafferth a gâi gyda'i lengig yn fodd i'w waredu'n anrhydeddus o'r filwriaeth honno.

Gan hynny, fe gyrhaeddodd Aethwy Fangor, ac felly y daethom ni ar ei draws yn y coleg fel dyn ifanc oedd am ei lansio'i hunan i'r weinidogaeth. Fe wnaeth beth felly gyda chryn rwysg gan ymwisgo'n urddasol mewn siwt frenddu, a llwyddo i gael cyhoeddiadau Sabothol llawer 'brasach' na'r gweddill ohonom. Trwy ei fagwraeth 'gyfundebol', yr oedd yn amlwg fod Aethwy ar delerau ti-a-thithau gyda llywyddion Sasiwn a chyn-ysgrifennydd Cymdeithasfa a phethau felly. Profiad fymryn yn ysigol i'r llanc o Lerpwl fu gorfod bwrw Sul cyfan gydag un o eglwysi bychain gwlad Llŷn, rhai o fath Cilan, y Bwlch, Llangïan, Neigwl neu'r Garnfadryn a'u tebyg. Yr oeddem ni, yr isel rai, yn gwbl gartrefol gyda'r gofalaethau gwledig hyn, yn cyrraedd yn ufudd i'w cyffiniau ar fws nos Sadwrn neu'n beicio tuag yno ar fore Sul llaith. Yr oeddem hefyd wedi cer- dded sawl dengwaith o Fethania oedfa'r bore, trwy rwydwaith o ffyrdd gwlad gwlybion, ar gyfer oedfa'r pnawn mewn Salem ar y bryn neu Soar yn y pant.

Fore Llun, pan gyrhaeddodd Aethwy yn ôl i Fangor o'i gyhoeddiad yn y wlad, yr oedd mewn cryn wrth- ryfel. Fel y Salmydd gynt (ond fod y rheswm gan hwnnw'n un cwbl i'r gwrthwyneb) yr oedd enaid Aethwy wedi'i ddarostwng, ac yn ymderfysgu ynddo, a bu wrthi trwy'r dydd yn tywallt yr ing y bu trwyddo: 'Ista ar pen fy hun mewn rhyw Tŷ Capal Bethsaida, yn fan 'no o flaen grât yn sbïo am Salem at ddau, Mistar Sol-ffa! Cnoc ar y drws, a gwraig y Tŷ Capal yn gofyn, "Fasa well i chi cychwyn am Salem at ddau, Mistar Jôs?" "Faint o ffor' sydd i fan 'no, 'dwch?" "Dwy filltir, reit siŵr," medda hitha. "O!" meddwn inna, "pryd ma'r tacsi'n dwad?" "Does 'na ddim tacsi," medda hi. "O!" meddwn inna, "I shall not be there!" Felly, bois,' meddai gan daflu baich ei ysbryd, 'dyna ddiwadd ar Llŷn ac Eifionydd. 'Dydw i ddim yn bwriadu mynd i canol ryw ffor' cefn gwlad, a gwarthaig yn teilo dros bob man. Y Sul nesa', diolch byth, mi fydda' i yn Wallasey . . . 'Er i'r lansio tua'r weinidogaeth fod yn un pur ddramatig a banerog yn ei hanes, fe ddaeth llong Aethwy i dir ynghynt na'r disgwyl, a'r diwedd fu gweithio ynglŷn â llyfrau byd ysgolion yn Lloegr am weddill ei oes.

Amdanom ni oedd yn gymdeithion iddo yn y coleg, rhaid addef mai Cymry swil cefn gwlad oedd y rhan fwyaf ohonom, heb grwydro fawr ddim erioed o derfynau'n bröydd tawel. Ond am yr Aethwy hwn, gryn ddeng mlynedd yn hŷn na ni, roedd ef yn ddyn o'r byd ac yn ôl pob golwg yn feistr corn ar y byd hwnnw. Yn un peth, yr oedd yn gwisgo'n eithriadol o raenus, ac wedi'i arfogi'n helaeth â phob rhyw geriach ymdrwsio: het a phluen ynddi, sbectol lorpiau duon, crafat sidan gwyn, wats a modrwy aur, cyfflincs, hances yn ei lawes, menyg swêd, waled drom, ffownten-pen gydag efeilles o bensil, ambarél-bagal-arian, cês lledr a chlo arno, cetyn nobl a thaniwr fflachiog. Yr oedd popeth ganddo hyd at bâr o *galoshes* gloywddu dros esgidiau ar gyfer diwrnod glawog.

At hyn oll yr oedd gan Aethwy faint a fynnai o hyder. Digon i drafod Prifathro'r coleg fel cyfartal cyfysgwydd, petai hwnnw'n digwydd gofyn ei farn ar fater. Hyn oll gyda Saesneg ystwyth a chyfoethog o flodeuog. Ystyrier ein helynt yn y llety, un noson wedi bod mewn dadl galed a'r cyfaill dinesig hwn oedd yn Brydeiniwr ysol, ac yn bopeth ond heddychwr. Ar ôl ymrafaelio'n hir ac ofer ynghylch Cymru a heddychiaeth, o'r diwedd dyma Aethwy'n casglu'i gêr i drefn, yn gwacáu'i getyn, sgarffio'i wddf, botymu'i got, gosod ei het, gwisgo'i fenyg, ac yna'n troi atom ni, fechgyn syml y werin:

'*Well, gentlemen,*' meddai gyda'r wên gynila'n bod. '*I deem it time to leave this puritan hovel of pacifism.*'

Byddai yr un mor barod ei dafod gyda darlithwyr y coleg, rai ohonynt beth yn ifengach nag ef. Daw'r cof am un darlithydd llegach ac eiddil o gorff, yn welw'i groen gyda gwallt llwytliw tenau ar ei gorun. 'On'd oes golwg ar hwnnw, deudwch?' sylwodd Aethwy. 'Mae o fel ll'godan wedi gwlychu!' A dyna'r darlithoedd Groeg a gaem, gyda'g Aethwy, yn addas iawn, yn eistedd yn y pen, ac ar flaen eitha'r dosbarth. Pan fyddai'r athro am i'w ddisgyblion gyfieithu o'r frest yn y fan a'r lle, canlyniad bod mewn safle fel un Aethwy oedd mai arno ef, fel gŵr pen sêt, y galwai'r athro gyntaf: '*Mr. Aethwy Jones, would you start translating, please?*' Wedi nifer o ocheneidiau tra hyglyw, yn ogystal â chryn grafu gwddf, bwriai yntau'n afrwydd i'r Groeg. Yn y ddarlith drannoeth, er gofid pellach i Aethwy, dechreuodd yr athro gydag ef eto ym mhen y sedd, yn union fel o'r blaen. Ond pan ddaeth y drydedd ddarlith, a'r athro'n gofyn iddo'r tro hwn eto fyth, trodd Aethwy yn ei garn, ac meddai'n gadarn wrth y darlithydd syfrdan: '*If you don't mind, sir, I propose somebody else distinguishes himself today.*' Ac felly y bu.

Os oedd ei Saesneg yn rhugl, yr oedd ei Gymraeg yn treiglo'r gymysgfa ryfeddaf erioed, i nodi dim ond hyn wrth basio: gêm biliards yn y coleg, Islwyn wedi bwrw'r bêl gyda phwniad mor ddewinol nes iddi bicio o gylch y bwrdd gan suddo'r wen yn ogystal â'r goch. Edrychodd Aethwy ar y wyrth cyn ymateb â'r frawddeg hynod hon: 'Islwyn Ffowc Elis! Be' wyt ti'n trio gneud, deudwch?'

Am bryd a gwedd Aethwy, ni byddai neb yn taeru'i fod yn ŵr seraffaidd o olygus. Ni chredaf ei fod wedi apelio cymaint a chymaint at ferched, yn ddim mwy o ran hynny nag y bu i ferched ychwaith apelio ato ef. A phan welai dair neu bedair ohonynt yn dod dan wichian yn llawen gan ryw ddireidi neu i gilydd, a ninnau'n arddangos mymryn o ddiddordeb yn y genethod chwerthinog: 'O!' meddai Aethwy'n ddifrïol, 'dyma'r ieir yn dŵad. Gadwch iddyn nhw. Yn y *cackling stage* y mae'r rheina!'

Yr oedd ganddo iaith ac ymadrodd a oedd yn eiddo priod iddo'i hunan. Ei ddisgrifiad o rywun gor-bwysig fyddai 'P.B.', sef pen bach. 'B.D.' oedd bore da. 'A.B.C.' oedd ar bob cyfri. Ceid ganddo greadigaethau fel 'Iwc!', sef yr ymadrodd rhyfel hwnnw: *'Everything Under Control'*. Un allwedd i ddatgloi traethiadau dyrys Aethwy oedd cofio'i fagwraeth yn awyr y Llyfr Emynau a'r Beibl. Roedd ganddo ddawn dewin i blethu llinellau o emynau i ateb drosto yn y cysylltiadau mwyaf an-nisgwyl, ac annhebygol hefyd. O sylwi iddo fod wedi aros am amser lled faith y tu allan i ddrws swyddfa, men-trodd un cyfaill ofyn beth oedd yn ei wneud yno. Cafodd ateb ar drawiad mewn pum sill ddyrys. 'Di Si Pi Wai Ei!' Sef yr ynganiad Saesneg o'r llythrennau 'DCPYA'. Sef ymhellach: 'Disgwyl Clywed Pyrth Yn Agor', allan o emyn Pantycelyn. O'i holi sut oedd y cwmni drama yn mynd rhagddo, yr ateb oedd: 'Es Pi Wai!' gyda Phantycelyn yn garn iddo eto: 'Symud Peth Ymlaen!'

Dro arall, byddai'n ymwrthod â'r byrfoddau, ac yn rhoi llinell gyflawn o emyn fel sylwadaeth. Cofiaf gerdded heibio i dŷ ger y Ffriddoedd lle'r oedd garddwr yn cludo fforcheidiau o frwgaits i domen oedd yn mygu'n dew ar gyrion yr ardd. Fel yr oeddem yn dynesu, dyma'r crynswth yn tasgu'n fflamau nes bod y brigau crinion yn clindarddach. Syllodd Aethwy ar y goelcerth, ac meddai'n sychlyd: 'Llosg fieri sydd o'm cwmpas.' Un tro cafodd ei daro'n wael, a hynny'n bur ddirybudd, a phan elwais yn ei lofft i holi beth a ddig-wyddodd, 'O!' meddai yntau ar led-orwedd yn y gwely, 'mi ddiffygiais deithio'r crastir, *old chap!*' Dyna wedyn adeg yr arholiadau wedi'i ddal, (a'n dal i gyd, o ran hynny); y llyfrau a'r nodiadau ar wasgar dros ei ystafell, a minnau'n gofyn, 'Sut mae pethau'n dŵad, Aethwy?' Cododd ei ben yn araf a dreng, a chan edrych dros ei sbectol, meddai'n drymllyd: 'Ia, wel... maith yw'r nos a mawr yw'r twllwch.'

Ar ôl y cyfnod hwnnw ym Mangor y mae llawer llanw wedi llifo trwy gulfor Menai, ond rhyw fore wele lythyr cwbl annisgwyl oddi wrth Aethwy o Nottingham. Dyma ddernyn ohono, heb newid na gair na threigliad:

Annwyl Robin,

Gan fy mod adref oherwydd afiechyd, edrychais yn y *Radio Times*, a gwelais 'Dechrau Canmol Dechrau Canu' *(sorry, should be the other way round)* a phenderfynais edrych—ac yna'n union dyma'r brawd ROGW ... a dywedais—*excuse the English here: This means we are certain of an 'Elfed' and a 'Pêr-Ganiedydd'—though it should be remembered that if the programme comes from the Congregational that their pêr-ganiedydd is of course Elfed! Pantycelyn is but a puppy!* Paid poeni, yr oedd yn hyfryd dy weld, a buaswn yn hoffi cael air bach gennych. Dyna ddigon o'r hen Aethwy—yr un yw ef o hyd er maint derfysga'r byd ...

Sbel ar ôl hynny, bûm yn cael pryd o fwyd gyda'r ddau frawd yng nghartref Elis ym Methesda, a heb ddadl, er iddo fynd trwy amseroedd dyrys a dwys, yr un un oedd Aethwy drwy'r cyfan oll; yn fwrlwm o siarad a chamdreigliadau, yn dynwared hwn ac arall yn odidog, yn cofio dywediadau digrif a llawer tro trwstan, gan ebychu 'Os mêts' yma a thraw fel salmydd yn gollwng 'Selah' yng nghwrs ei salm.

Ac felly y pair atgof imi adrodd stori Llundain. Byddai gan Lwyd o'r Bryn, yntau, sylw neu ddau am y fetropolis-nyth-morgrug honno. Y clasur oedd ymateb y gwerinwr, John Thomas, Maes-y-fedw, a aeth ar fenter gyda'r Llwyd i ddiddanu'r Llundeiniaid. Bu i aruthredd pendramwnwgl y lle ysgwyd yr hen frawd mynyddig i'w seiliau, ac o ganol berw traffig a rhuthr pobloedd ac estroneiddiwch ysgubol y ddinas bell.

cafodd John Thomas brin ddigon o wynt i fynegi hyn: 'Dim ond imi gael mynd adre un waith o'r lle yma, 'wêl yr un cythrel mo 'nhraed i ar gyfyl Llunden byth eto!'

Un arall yn llên y Llwyd oedd honno am eneth o'r cwmpasoedd a aeth i Lundain fawr, hithau hefyd ar ei hymweliad cyntaf. Wedi iddi ddychwelyd, holodd Llwyd hi am ei barn ar y ffasiwn le. A'i hateb oedd: 'Roeddwn i'n disgwyl ei weld o'n fwy.' Ac meddai Llwyd o'r Bryn: 'Disgwyl ei weld o'n fwy! Be' oedd ar ben y ffifflen, dywed?'

Nid oedd Wil Sam na minnau 'chwaith wedi crwydro erioed fawr pellach nag i Aberdaron yn Llŷn ac i Borthmadog yn Eifionydd. Ond am Aethwy, wele wr profedig. Yr oedd ef yn medru beiddio stopio tram neu alw tacsi, yn abl i ddewis rhwng bws a bws, ac yn gyfarwydd â gorsafoedd mawrion fel Lime Street a Paddington. Yr oedd wedi byw a bod mewn trefi, wedi pedlera masnach David Jones ar hyd ac ar led, wedi delio â gwŷr busnes llyfnion mewn warws a siop a swyddfa. Gallai godi teliffon ar gwr stryd estron gan ddal pen rheswm â llais mewn swyddfa neu theatr. Gwyddai'r ffordd i ddoiledau o dan balmentydd, medrai ddefnyddio plismyn, a bod yn hy ar swyddog cap-pig-gloyw mewn gwesty.

Aethwy gan hynny oedd y gŵr a aeth â Wil Sam a minnau ar rawd i Lundain am y tro cyntaf erioed yn ein hanes ni. Ac felly y bu inni gyrraedd gorsaf ysguboraidd Euston yng ngwyll nawn Sadwrn olaf 1945, gydag wythnos o syndodau yn ein haros. Profiad.

Yr oedd wedi trefnu i ni'n tri aros yng ngwesty Regent Palace yn Piccadilly, ar honiad ein bod ar waith ymchwil pwysig, fel y cyfaddefodd yn ddiweddarach! Wrth edrych yn y llyfr llofflon heddiw, gwelaf daflen y gwesty'n tystio mai yn ystafell 106 yr oedd Wil a minnau'n cysgu. Ac Aethwy (fel y gweddai i bennaeth) mewn ystafell ar ei ben ei hun. Sylwi mai pris pryd ysgafn oedd hanner-coron, a chinio'n bedwar swllt. Yn fras ar waelod y daflen y mae'r ddeuair: NO TIPS. Nid oedd gennym fawr o grap ar ystyr peth felly ychwaith.

Wedi dadbacio ac ymdrwsio mymryn, aeth Aethwy â ni allan, bob un yn aros ei dro i fynd trwy'r drws crwn, gwydrog hwnnw, nes camu i stryd brysur y nos o gwmpas Piccadilly Circus. Y dadwrdd a'r gwibio yn arswydus, a Wil a minnau'n hurtio yn y ffasiwn ffwndwr. Yna tywysodd ni tua'r Tiwb, ac am goludd-ion y ddaear. Sŵn trên yn yngorddi yng ngwacter rhyw dywyllwch pell, y grwnian yn dwysáu fwyfwy, ac o'r diwedd y peiriant yn ymdasgu allan o'r twnnel ac yn rhoncian stopio ger y platfform gan wichian a suo. Drysau'n ymddatod yn agored ohonynt eu hunain, ugeiniau o bobl yn ymdywallt allan heb neb yn yngan yr un gair wrth neb, gydag ugeiniau tebyg yn barod i gythru i'w lle hwythau. Y drysau ofnadwy hynny'n ymglymu unwaith eto gan selio pawb i mewn, a'r trên yn codi gwib eto fyth ac udo fel ci am y twnnel agosaf. Yn ystod y dyddiau oedd i ddilyn, daethom yn gyfarwydd ag ymadroddion fel 'Metropol-itan Line' a 'Central' a 'Bakerloo'. Pensynnu hefyd a'r grisiau tanddaearol hynny. Yn Eifionydd, nyni fyddai'n dringo'r grisiau. Ond yn Llundain, rywsut neu'i gilydd, y grisiau oedd yn ein dringo ni. Yng nghyswllt y siwrneiau tanddaear hynny y'n dysgwyd hefyd yr 'Howbn' Seisnig yn lle'r 'Holborn' Cymreig.

Cyn diwedd y nos Sadwrn gyffrous honno, yr oedd Aethwy wedi mynnu ein bod yn cael cip ar Glwb y Cymry yn Gray's Inn Road, ac am un awr o leiaf, yr oedd Llundain fawr wedi troi'n gwbl Gymreig a Chymraeg. Wedi cysgu'r noson gyntaf yn y gwesty (ar ôl rhyfeddu at ddŵr ymolchi yn gwrthod yn deg ag ildio i ffroth) dyma ddeffro toc wedi saith yn y bore gyda'r teliffon ger y gwely'n tincian yn ffyrnig. Pwy ar y ddaear oedd yn adnabod Wil San a fi yn Llundain? A phwy, yn enw popeth, oedd eisiau siarad â ni mor fore?

Wedi syllu'n lled-ofnus ar y ffôn oedd yn dal i ganu, o'r diwedd dyma godi'r peth, a gofyn 'Heló', fel petai. Llais geneth yn y pen arall yn dweud rhywbeth mewn Saesneg, Saesneg na fedrwn ei ddeall dros fy nghrogi.

'Be' wna i efo'r hogan yma, Wil?' gofynnais.

'Dull!' meddai Wil o'i obennydd. 'Deud wrthi nad ydan ni isio dim byd heddiw!' Ac yn hurtrwydd y sefyllfa dyma led-ateb y ferch, rhoi'r teclyn i lawr ac eistedd ar yr erchwyn i ddadebru. Wrth y bwrdd brecwast, fe gaed esboniad ynghylch y teliffon gan Aethwy: 'Fel yna mae'r hotels mawr yma'n galw'r residents i godi yn y bora. Cofiwch, nid yn Llŷn ac Eifionydd ydach chi rŵan—yn byta tatws llaeth yn pantri!'

Erbyn un ar ddeg y bore hwnnw yr oeddem mewn oedfa yn Westminster Abbey. Am ryw reswm rhyfedd, rwy'n dal i gofio enw'r gŵr oedd yn y pwlpud: The Reverend Adam Fox, Canon in Residence. Gyda phob parch i Mr. Fox, yr oedd yna well pregeth i'w chael unrhyw fore Sul ym Moriah, Llanystumdwy. Yn wir, rhyw oedfa ddi-drefn oedd honno o'i chychwyn, pobl yn cerdded i mewn ac yn sbïo trwy ddrysau, yn sisial yma ac acw rhwng colofnau, ac wedyn yn mynd allan o'r deml. 'Doedd yno ddim casgliad, na neb yn cyhoeddi seiat nos Fawrth, na phlant yn dweud adnodau. Ac nid wy'n rhy siŵr na bu i ninnau hefyd ryw ffiltro allan cyn y diwedd.

Ar ôl hynny fe gawsom weld Tŷ'r Cyffredin, Bow Street Police Station, Plas Buckingham, tro yn y Mall, a phryd o fwyd yng ngwesty Charing Cross. A phan ddaeth y nos, yr oedd Aethwy wedi'n cael i Kingsway Hall, a'r lle'n llawn i'r ymylon gyda Donald Soper yn pregethu, ac yn llawer iawn mwy bywus na Mr. Fox.

Yng nghwrs yr wythnos bensyfrdan honno, tywysodd Aethwy ni i le Madame Tussaud ac yna i Dŵr Llundain. (Mae gennyf ryw frithgof ein bod ymysg y rhai oedd yn cael mynd i'r Tŵr enwog am y tro cyntaf

un ar ôl dyddiau'r rhyfel.) Fe'n cerddodd ar hyd y Vic-
toria Embankment, ac yn y man yr oeddem yn eglwys
fawr y Pabyddion lle'r oedd oedfa fwy hynod nag un
Westminster Abbey, hyd yn oed. Offeiriaid mewn
gwisgoedd goludog o liwgar yn gwasgaru mwg a
chanu clychau rhwng ysbeidiau o sibrwd geiriau na
fedrem wneud rhych na rhawn ohonynt. O ddieith-
rwch mawr yr eglwys fe'n caed yn y man yn Regent's
Park ymhlith y gwylltfilod, ac wedi saib ddiddan yno
wele gyrchu tua'r Art Gallery. Hyd heddiw, fe erys y
cyffro o weld *'The Cornfield'* gan John Constable, a'r
cynddynrwydd o'i adael am St. Martin-in-the-fields.

Bob nos yr oedd Aethwy'n gofalu bod seddau ar ein
cyfer mewn theatr, ac erbyn heddiw gall nodi'r hyn a
welsom fod yn ddiddorol. Yn y Wyndham—Nora Swin-
burne a Clive Brook yn *The Years Between.* Yn y
Garrick—Robertson Hare ac Alfred Drayton yn *Madame
Louise.* Yn y Duke of York—Ralph Lynn ac Elsie
Randolph yn *Is Your Honeymoon Really Necessary?*
Ac yn y Savoy—Robert Morley a Wendy Hiller yn *The
First Gentleman.* O gofio cwmnïau drama'n hardal-
oedd ni, yr oedd y gwahaniaeth yn affwysol. Onid oedd
y rhan fwyaf o'r rheini'n agor gyda gwraig y tŷ'n
smwddio, a'i gŵr mewn barf lac gyda gwîfrau'n ei
chynnal dros ei glustiau, a'r cyfan oll ar lwyfan
cyfyng? Yn ymyl pethau felly, roedd proffesiynoldeb
Llundain yn mynd â gwynt dyn yn lân.

O wybod diichellion y ddinas fawr, ac adnabod hefyd
ein naïfrwydd ninnau, yr oedd Aethwy wedi'n rhyb-
uddio i beidio â phrynu unpeth yn unman oni byddai
ef gyda ni. Yn hynny o beth, buom ufudd ddigon—ar
wahân i un pnawn. Yr oedd ein gwron wedi gadael Wil
a minnau ar y palmant tra byddai'n prynu tocynnau
mewn theatr ar gyfer yr hwyr.

Dyna'r pryd y digwyddais sylwi ar siop gyfagos, siop
fechan ddi-liw gyda detholion yn ei ffenestr o
daclau-tanio-sigarét, pethau cwbl brin yn ein brôydd

ni gartref. O weld mor gyfyng oedd ei gownter, mi fernais y medrwn ddod i ben â siop fel hon yn burion, a dyma fynd i mewn a gofyn i'r gŵr am daniwr. Dangosodd dri neu bedwar imi gan eu tanio'n ddeheuig. Wedi nodi fy newis plygodd y siopwr o'r golwg dan ei gownter ac estyn taniwr imi. Talu iddo'n falch, a ffarwelio. Cerdded yn ôl at Wil, a dangos y pwrcas gyda brwdfrydedd. Ond er pob byseddu ar y teclyn, nid oedd argoel am danio yn ei hanes. Ac er bod Wil yn fecanic wrth ei grefft, nifedrodd yntau 'chwaith ennyn fflam yn y telpyn. Pan oeddem wrthi'n dau yn ystwyrian uwch ben y taniwr cyndyn, dychwelodd Aethwy o swyddfa'r theatr a dechrau holi. Bu'n rhaid cyfaddef imi fod yn y siop ar ein pwys, a'm bod wedi gwneud pryniant anffodus.

'O!' meddai, gydag ebwch boenus o ddoeth. 'Mi ddeudis i wrthat ti'n do? Wel, cerwch â'r leitar yn ôl iddo fo, a gofyn am un iawn.'

Yn awr, yr oedd gwneud peth felly y tu hwnt i bob dychymyg. Byddai gofyn cryn berswâd arnaf cyn y gwnawn beth felly yn siop fach fy mhentref fy hunan. Ond am feiddio mynd â nwydd yn ôl at siopwr diarth yn Llundain, na, yn bendant.

'O, wel!' chwyrnodd Aethwy. 'Rhowch y leitar yna i mi 'ta. Mi ca' i air efo'r brawd. Tyd efo mi fel witness.'

Cerddodd i'r siop gydag awdurdod ysgubol, dangosodd y taniwr i'r gŵr gan egluro'r sefyllfa, a phan ddechreuodd y siopwr nacáu, dyma Aethwy'n ymchwyddo, a chyda llais cryf a Saesneg difaol ynghlwm wrth fygythion cyfraith, yr oedd y masnachwr chwim wedi'i ddofi'n ddyn ystyriol iawn. Cyn pen dim yr oeddem yn cerdded y palmentydd gyda'r taniwr mwyaf ysol yn Llundain fawr.

'Wel,' meddai'n foddhaus gan estyn ei getyn llawn hyd braich, 'dyna ni wedi shouo am ben y brawd yna. Rhaid iti tendio'r bois yna, 'sdi. Lladron ac ysbeilwyr ŷnt!'

Ac felly yr oeddem yn graddol ddysgu'n gwersi.

Y noson olaf cyn ymadael, yr oedd Aethwy am inni gael gwledd yng ngwesty Oddenino. Yn gweini arnom o gylch y bwrdd yr oedd tramorwr bychan tei-bô par-ablus, un digon tebyg i 'Manuel' yn *Fawlty Towers*. Roedd yn yngyrymu ac yn ffatian o'n cwmpas mor addolgar â phetai'n gaethwas. Ar ôl y rhyfel, yr oedd yn wir fod pethau yn eithaf prin hyd yn oed yn Llun-dain, ond byrdwn y dyn bach tei-bô oedd y medrai ef gael gafael ar bopeth a ddymunem, gan osod y peth yn amodol fel hyn mewn Saesneg toredig:

'*I give you someting nice if you give me someting nice!*'

Gan na welodd Wil na minnau erioed greadur yn hollol yr un fath dyma ofyn i Aethwy beth oedd yn bod ar y dyn.

'Wel,' meddai yntau gyda holl ddoethineb ei brofiad o'r bydhwn. 'Gneud yn saff y mae'r brawd ein bod ni'n rhoi tip iddo fo. Ne', yn iaith Llŷn ac Eifionydd, y mae'r brawd yn chwennych elusen!'

Digon yw dweud i'r 'Manuel' hwnnw gael enw'n syth yn y fan a'r lle: 'O, wel, symudwch eich breichia oddi ar y bwrdd. Mae'r *Elusenwr* yn dŵad.'

Aethwy! Aethwy!

Fel yna 'r union y bu ddyddiau i oes. Yn gymeriad ac yn gyfaill. Yn wr a fethodd â bod yn hoelen amlwg yng Nghyfundeb ei dad, ond a drodd yn hoelen wyth o gymeriad. Onid yw'n anodd gwybod beth i'w ddweud wrth fywyd? Mae cymaint gorfoledd yn ei roi, a chymaint gofid yn ei golli. Wrth gofio Aethwy, yr unig beth synhwyrol i'w ddweud fydd:

Os mêts—mêts!

104

Dashenka

Wrth ymdroi yn ardal Carreg Boeth fe ddaeth Harri Parri ar draws y cymeriadau gweiddiola'n fyw. Dyna'r tro hwnnw pan alwodd Magi'r Grepach yn y Mans i weld y babi, Goronwy Meilir, a phwy oedd yn digwydd ei warchod ond Jên Ifans, cyn-howscipar y gweinidog. Fe ddaw yn amlwg nad oedd pethau'n rhy loyw rhwng gwraig y Grepach a Jên Ifans. Er enghraifft, dyma'r ffordd oedd gan Magi wrth roi math o gerydd llaw-chwith i Jên:

"Dach chi ar fai mawr yn 'i ddal o ar wastad 'i gefn fel'na, a'r ril eda'n llond 'i geg o. Mi fygith yn gorn, 'gewch chi weld.''

A ffordd Jên Ifans, hithau, o ateb Magi yn ôl oedd siarad trwy'r babi:

"Dan ni ddim am wlando ar Anti Glepach. Hen Anti Glepach ddrwg am wersu hogyn bach i jipsis, a 'di hogyn bach ni ddim yn fflindia efo Anti Glepach, mela fo.''

O ganol y digrifwch gwawchiol yna, sylwer ar y syniad o *werthu'r hogyn bach i jipsis*—ein gair ni yn Eifonydd oedd 'jipsiwns'. Mae gennyf gof am ambell fore pan fyddai plant Tŷ Lôn a Phlas Hen a'r Betws Fawr yn cyrraedd yr ysgol yn Llanystumdwy yn bur gynhyrfus. Hynny am fod y jipsiwns wedi dod i Rydy-croesau.

Ar y ffordd adre ddiwedd pnawn, byddai'n rhaid mynd draw i bant Rhydycroesau er mwyn cael golwg ar y gwersyll, golwg ochelgar o bell. Ac yno y byddai'r jipsiwns a'u carafán liwgar ynghyd â'r gaseg a'r milgi, mwg glas yn ymdorchi o'r tân priciau, a phlant pygddu o'i gwmpas. Wedi cael cip rhwng y dail ar yr olygfa, rhedeg tuag adre wedyn trwy'r coed gan edrych dros ysgwydd bob hyn a hyn rhag ofn i'r jipsiwns ein cipio. (Weithiau, yn y pedwar amser fe

105

ddôi yna ryw rybudd-fygythiad gan rieni'r gymdog-
aeth: 'Tendia di rhag ofn i'r jipsiwns fynd â chdi i
ffwrdd.') Gan hynny, pethau i'w hofni oedd y tylwythau
hynny.

Gyda'r blynyddoedd, fodd bynnag, fe newidiais fy
meddwl am y jipsiwns, ac fe ddigwyddodd hynny am i
gân gael ei chyfansoddi amdanyn nhw, cân â'i halaw y
tu hwnt o felys, a'r geiriau'n rhamant pur. Enw'r gân
erbyn heddiw yw 'Dashenka', gyda neges fel hyn yn y
cynnwys:

> Eto, daeth amser i symud,
> Eto, rhaid cychwyn i'r daith,
> Eto, daeth tro yr olwynion,
> Symud ydyw ein gwaith . . .
>
> Neithiwr, roedd camp ar y comin,
> Heddiw, 'does unpeth ar ôl,
> Neithiwr, roedd tân ar yr aelwyd
> Heddiw, llwch ar y ddôl . . .

Erbyn y dyddiau hyn, mae nifer helaeth o gorau
meibion trwy Gymru'n canu 'Dashenka'. Rai blyn-
yddoedd yn ôl, fe glywais 'Dashenka' yn cael ei chanu
ar Ŵyl Ddewi yn yr Albert Hall, Llundain, a'i chyflwyno
fel alaw o Rwsia. O ran hynny, rwyf wedi clywed sawl
arweinydd cyngerdd ar lwyfannau Cymru'n esbonio
mai alaw Rwsaidd yw hon.

Ond nid felly y mae. Rwy'n falch o ddweud y gallaf
gofio'r sipsi fach, Dashenka, yn cael ei geni, a'r gŵr a
ddaeth â hi i'r byd, yn alaw a geiriau, oedd fy nghyfaill
coleg, Islwyn Ffowc Elis.

Y dydd o'r blaen, o ran chwilfrydedd, euthum ati i
gloddio trwy domen o hen sgriptiau yn y cwpwrdd
gartref, a dod ar draws y rhaglenni-ffantasi hynny a
gyfansoddodd Islwyn yn nyddiau Bangor: *Trysor
Aloha*, *Y Ceffyl Adeiniog*, *La Parisienne*, *Y Tri Chab-
alero*, a rhai tebyg. Rhaglenni radio ar gyfer 'Awr y

Plant' oedd y rhain, ac wedi tryforio trwy'r bwndel dogfennau, o'r diwedd dyma roi llaw ar bapur brau y rhaglen *Carafán ar y Comin*.

Gwelaf mai yn Neuadd y Penrhyn y recordiwyd y ffantasi hon, ar ddydd Sadwrn, Hydref 29ain 1949, gydag Ifan O. Williams yn cynhyrchu. Ar y sgript hefyd y mae rhestr enwau'r perfformwyr, fel a ganlyn:

Boris: (pennaeth y sipsiwn)	Emrys Cleaver
Semion: (mab Boris)	Islwyn Ffowc Elis
Dashenka: (ei ferch)	Ellen Wyn Jones
Ivan:	Charles Williams
Marko:	Ieuan Rhys Williams
Deio:	Gruffydd Wyn Williams
Mam Deio:	Irene Edwards

Y rhai a ganai'r miwsig a greodd Islwyn oedd Triawd y Coleg, gyda Sassie Rees fel unawdydd, ac wrth y ddau biano, Maimie Noel Jones a Ffrancon Thomas.

Roedd y rhaglen *Carafán ar y Comin* yn agor gyda'r triawd yn canu am y tylwyth mewn tri phennill yn y cywair hwn:

Ni ydyw'r sipsiwn,
Sy'n treulio'n hoes mewn carafán;
Ac ni ddymunwn
Ond crwydro'n dawel i bob man . . .

Wedi agoriad fel yna ar gân, mae'r ddrama'n ymagor a hon yw brawddeg lafar gyntaf un y ffantasi, (y fam sy'n siarad wrth ei mab):

Deio! 'Dwyt ti ddim i fynd at y sipsiwn yna heddiw eto, wyt ti'n clywed? Maen nhw'n siŵr o fynd â thi i ffwrdd cyn sicred â'm bod yn y fan 'ma.

Diddorol braidd! 'Yn siŵr o fynd â thi i ffwrdd,' sylwer. Felly, mae'n ymddangos fod Islwyn hefyd yn

107

ei febyd yng Nglyn Ceiriog wedi clywed bygythion tebyg am sipsiwn yn cipio plant. Yn union fel Harri Parri yng ngwlad Llŷn: 'hen Anti Glepach ddrwg am wersu hogyn bach i jipsis.'

Fel yr â'r ffantasi rhagddi, fe gafodd Deio, yntau, ei gipio gan y sipsiwn. Ivan a Marko a gyflawnodd yr anfadwaith, ond dihirod annodweddiadol oedden nhw, a ph'run bynnag fe waredwyd Deio cyn y diwedd, wrth reswm. Erbyn canol y rhaglen, mae'r gwersyll yn codi'i baciau ac yn cychwyn i'r daith. Ac er mwyn cyfleu hynny yn y stiwdio, yr oedd Ellen fel actores yn ildio'r meicroffon i Sassie fel cantores. A dyna'r union adeg y canodd Dashenka'i chân felys.

A'r dydd o'r blaen, wrth wrando ar recordiad prin o'r ffantasi honno, daeth yr atgofion yn ôl, don ar don, llais purlan Sassie yn agor gyda'r geiriau 'Eto daeth amser i symud . . . 'a'r triawd yn uno â hi ar ddiwedd pob pennill. Yn y cefndir, clywir pedolau'r gaseg yn clepian wrth dynnu'r garafán dros y comin, a'r olwyn-ion yn crensian ar wyneb caregog y ffordd.

Ac fel yna, yn Hydref 1949, y daeth Dashenka i glyw plant Cymru (nid Rwsia) am y tro cyntaf erioed.

Martha Lewis

Nid o Neuadd y Penrhyn yn unig y dôi'r 'Noson Lawen' honno. Fe fyddem hefyd yn mynd allan am dro i neuadd-au ar hyd a lled Cymru o Fôn i Fynwy gan lenwi mannau fel Neuadd y Brenin yn Aberystwyth a Neuadd Cory yng Nghaerdydd. Ar brydiau, aem dros y ffin i ddinas-oedd Lloegr, y Central Hall yn Lerpwl a'r Conway Hall yn Llundain, heb anghofio Alexandra Palace. (Ond beth, mewn difri, oedd enw'r neuadd honno yn ninas Coventry?)

Ar ben y cyfan, fe ddôi miri'r eisteddfodau rhyng-golegol hynny. Byddai yno ymarfer bywiog rhag llaw a chystadlu graenus pan ddôi'r alwad. Ond bob hyn a hyn yn ystod yr eisteddfod fe gerddai rhyw berfformiwr direidus i'r llwyfan i ganu neu i adrodd rhywbeth nad oedd a wnelai ddim oll â'r gystadleuaeth! Ar berwyl felly y clywodd y gynulleidfa unawd oedd yn dechrau fel hyn:

Mi geisiaf eto ganu ffliwt
I'th gael di'n ôl, fy ngeneth giwt,
I osod patsyn ar fy siwt
Ar fynydd Aberdyfi . . . .

Y fath Philistiaeth!

Ond gyda thro'r Olwyn Fawr, fe ddaeth yr hwyl i ben, a'r hen griw clòs yn gorfod chwalu. Aeth Cledwyn yn athro i Goleg y Santes Fair. Aeth Merêd yn ddarlithydd i Goleg Harlech, a minnau'n fyfyriwr i Goleg Diwinyddol Aberystwyth.

Ar ddydd Gwener, Chwefror 27ain 1948, yr oeddwn wedi teithio i fyny'n unswydd i Fangor unwaith eto ar gyfer bod mewn eisteddfod. Eisteddfod Colegau Bangor oedd hon, ond y flwyddyn honno fe gytunwyd fod Coleg Harlech hefyd i gael rhan yn y cystadlu. Y bore hwnnw wrth ysgwyd llaw'n felys â hen ffrindiau, gyda holi mawr am hynt a helynt hwn a hon, yn sydyn fe glywn lais, llais nad oeddwn wedi'i glywed ers llawer iawn o fisoedd: 'Sut wyt ti, Rhobet?'

Troi i wynebu'r llais, a dyna lle'r oedd yr hen gyfaill triw, Merêd, yntau wedi dod i fyny i'r eisteddfod gyda dau neu dri oedd am gŷstadlu dros Goleg Harlech. Roedd yn eithaf amlwg na fyddai gan Harlech ddim siawns i gario'r dydd, nid oherwydd diffyg dawn, ond o ddiffyg nifer. Gyda'r Brifysgol yr oedd y fantais yn hynny o beth, gan fod yno ugeiniau o gystadleuwyr amlddoniog.

109

Sut bynnag, aeth Meredydd ati i gyflwyno'i fintai fechan o fyfyrwyr imi: 'Dyma iti Eurig Tomos o Dalybont, mae o'n adrodd. Beryl a Gwenno o Langadfan yn fa'ma, maen nhw ar y ddeuawd. A dyma iti Martha Lewis. Hogan o Gwm Rhymni ydi hi. Wrthi'n dysgu Cymraeg mae Martha, a mae hi'n trio ar yr unawd soprano.'

Wrth ysgwyd llaw â'r cyfeillion newydd, aethom i barablu'n ddifyr am hyn ac arall (yn Gymraeg, wrth reswm), ond sylwais fod Martha'n bur dawedog. Gan hynny, rhag i Martha deimlo'i bod hi'n cael ei hanwybyddu, dyma gynnig mymryn o'm Saesneg gogleddol iddi. Ond yn wir, nid oedd Martha Lewis fel petai am fentro gormod ar ei Saesneg ychwaith. Geneth hyfryd iawn oedd y ferch o Gwm Rhymni, ond yn un swil ryfeddol.

Ar ôl cystadlu caled yn ystod sesiwn y pnawn, erbyn cwrdd yr hwyr yr oedd Neuadd Pritchard-Jones yn orlawn, a'r lle yn boeth ac yn chwyslyd. A'r Brifysgol ymhell ar y blaen fel y gellid disgwyl, a mynd ardderchog ar bethau gan adroddwyr, deuawdwyr a phartïon.

Cyn bo hir dyma gyhoeddi cystadleuaeth yr unawd soprano. Y beirniad cerdd oedd Dan Jones, Pontypridd, a'r darn gosod oedd yr 'Allelujah' gan Mozart. Miwsig bendigaid yw hwnnw, fel y gwyddys, gyda'r nodau yma a thraw yn llamu agos i octif gyfan. I redeg trwy'r tril a'r slyr mewn ambell fan mae gofyn rheolaeth dra phendant ar y llais. Ar ben popeth mae angen swm aruthrol o anadl. Ac am y nodyn olaf ond un yn yr 'Allelujah', fel rheol dim ond y *prima donna* a fuasai'n mentro taro hwnnw. (Oni chlywais y soprano enwog, Lucia Popp, yn ei ochel yn bendant?)

Daeth yr awr. Pedair o ferched ar llwyfan, ac o gofio gofynion celyd yr 'Allelujah', fe ganodd y tair gyntaf yn wirioneddol wych. Ond yna, safodd y bedwaredd soprano'n barod i gystadlu — Martha Lewis, Coleg

Harlech. Tybed, mewn sobrwydd, pa siawns oedd gan yr eneth swil o Gwm Rhymni ar ôl y tair arall? Martha druan!

Y piano'n agor y cyflwyniad, a Martha'n bwrw i nodau cynta'r gân. Yn eithaf abl hefyd, chwarae teg iddi. Aeth ymlaen am berfedd y darn, a chyda hyder cynyddol. Yn wir, roedd yno hyder pendant iawn, iawn i'w deimlo, gyda chyflawnder o lais y tu ôl ganddi. Gyrrai trwy slŷr ar ôl slŷr yn wefreiddiol o lân. Erbyn hyn, roedd myfyrwyr sisialog y neuadd wedi distewi'n llwyr. A Martha Lewis yn hollol ar ei phen ei hun fel datgeinydd . . .

Sylwais fod Dan Jones, Pontypridd, wedi rhoi'r gorau i sgrifennu nodiadau ac wedi codi'i ben i rythu ar yr angyles oedd o'i flaen. Roedd y perfformiad fel petai'n dod o fyd arall, gydag enaid Mozart a meistrol-aeth Martha yn llwyr gyfareddu'r dyrfa fawr. Ond pan gyrhaeddodd y gantores yr 'Allelujah' olaf gan daro'r nodyn olaf ond un hwnnw ar ei ben, gyda digon o lais wedyn yn sbâr, aeth Neuadd Pritchard-Jones yn drydan o orfoledd. Anghofiodd pawb mai eisteddfod oedd ar fynd, ac aed at i guro dwylo'n ddilywodraeth i gael encôr gan Martha Lewis. Ond gwrthod a wnaeth hi, wrth gwrs.

Toc, dyma Dan Jones yn codi gyda'i feirniadaeth. Bu'n canmol llawer iawn ar ymgais y tair geneth arall oedd wedi canu. Ond am Martha Lewis o Goleg Harlech, nid aeth i wag-siarad am 'addewid y llais' nac am 'ddiweddebau' nac am 'ddeinamics'. Ni wnaeth ddim ond mynegi ei fod wedi glân ryfeddu, ac nad oedd yna un dim y gellid ei ddweud ar ôl y fath ddatganiad.

Tybed beth a ddaeth o'r Fartha Lewis honno? A phle mae hi erbyn heddiw? Wel, y dydd o'r blaen trewais arni unwaith eto a chael hawl i adrodd mymryn o'i hanes. Ym 1948, roedd yr eneth honno'n gantores operatig yn Llundain gyda Chwmni Opera Carl Rosa.

111

Yn rhywle ar ei grwydr, daethai Merêd ar ei thraws, a thrwy ddyfal ymdrech yr oedd wedi llwyddo i ddarbwyllo'r chwaer i gystadlu, os gwelwch chi'n dda, mewn pwt o steddfod myfyrwyr ym Mangor. A Merêd, un ai o ddireidi ysbryd neu o diriondeb calon, yn gofalu trwy hynny y byddai coleg bychan Harlech yn mynd tuag adref yn ôl gydag un pwynt, o leiaf.

Ac felly y digwyddodd i ni—a Dan Jones, Pontypridd —glywed cystadleuydd a oedd yn canu soprano operatig, petaem ond yn gwybod! A chyda llaw, nid Martha Lewis o Gwm Rhymni oedd ar y llwyfan o gwbl ym Mangor y noson honno. Ond Phyllis Kinney o America.

Hoelen wyth arall.

Cŵn Anwes

Nid yr un peth yw cyfaill â chydnabod. Gall fod gennym gannoedd o gydnabod, ond prin hanner dwsin sydd gennym o gyfeillion. I faint o bobl y gall dyn fentro cyfrinachau dwysaf ei fywyd? A oes yna bump? Pedwar? Tri, ynteu? Mae'n ffôdus os gall enwi mwy na dau. Os yw'r cydnabod yn niferus, yna prin, prin yw'r cyfeillion, cyn brinned â hoelion wyth.

Er mor werthfawr yw cwmni'r cyfeillion dynol, eto fe geir cyfeillion o fath arall sy'n rhoi dimensiwn dyfnach fyth i fyw a bod. Nid ar ddau droed y cerdda'r rhain ond ar bedwar. Rhaid cyfaddef nad ydyn nhw'n malio fawr am sychu pawennau wrth ddod i'r tŷ o'r glaw; cyfaddefhefyd eu bod yn dueddol o golli brethyn eu siwt o fanflew o gwmpas y lle, a bod eu sawr ar adegau'n eithaf mwll. Ond beth yw hynny o'i gymharu â'u teyrngarwch?

112

Y ffaith yw nad oes tir niwtral ar y mater. Mae pobl yn cymryd at gŵn. Neu ddim. Gellir troi'r peth o chwith yr un mor rhwydd: fod cŵn hwythau'n cymryd at bobl. Neu ddim.

Nid am gŵn defaid na chŵn hela yr wy'n sôn. Nid am y bodau hygar hynny sy'n rhedeg milltiroedd croesymgroes ar lethrau'r mynydd neu'n ffroeni trywydd mewn dreiniach. Hawdd fyddai llenwi pennod yn disgrifio ymroddiad y gweithwyr pedwartroed hyn a'r modd yr ânt ynglŷn â'u tasg gydag eiddgarwch rhemp, fel y maent yn fodlon llosgi egnïon hyd at ddisgyn pe dôi'r gofyn; dônt o'u llafur yn llaid i gyd, y tafod yn llipryn dros gilddannedd, a'u hanadlu'n frawychus o hyglyw. Eto, er gwaetha'r holl ymlâdd, deil llygaid yr anifail i befrio ar ei feistr, cystal â gofyn—'Be' arall ga'i 'i wneud drosot ti?'

Mae'r fath ymroi ar ffin y gwallgofrwydd a ddichon berthyn i grefydd. Onid yw'r meistr yn dduw? Ei dir-oedd yn demlau? A'r ci, yntau'n addolwr, gyda'i aberth dros ei arglwydd yn gwbl afresymol?

Ond y mae creadur o ddefnydd gwahanol i'w gael, sef y ci tŷ, y ci anwes. Anifail yw hwnnw sy'n seicolegydd solet, ac ar ôl tridiau cyntaf ei fabwysiad bydd ef wedi adnabod man gwan ei berchennog heb sôn am ganfod ei nod ei hunan mewn bywyd. Nod uchel y mae'n bendant o'i gyrraedd, costied a gostio.

I gychwyn, y mae'r ci tŷ wedi penderfynu nad yw ef ar unrhyw gyfrif am wneud yr un strôc o waith holl ddyddiau'i einioes. Mae'n deg cydnabod nad yw'n gofyn aur y byd na'i berlau mân, ond yn bendifaddau bydd y creadur hwn yn gofyn bywyd moethus. Ef, y ci anwes, yw'r hedonist mwyaf mewn bod. Er iddo dorri'r rheolau'n yfflon, y ci fydd yn ennill y gêm bob tro. Trwy ryw ddewiniaeth, y mae'n llwyddo i'w droi'i hunan yn dduw, a'i feistr yn gaethwas iddo. Oni wn i hynny o brofiad hanner canrif, gyda brid ar ôl brid wedi fy nghoncro'n deg?

Dyna Moffat, y labrador stormus, oedd wedi baglu'r
babi, wedi cnoi *Geiriadur Bodfan* yn giaidd, a chladdu
het newydd sbon fy ngwraig yn rhubanau yn y pridd,
—fel y gwelsom pan ddaeth fy ngwraig hwnnw yng nghanol
gaeaf. Fy mwriad, yn ôl yr arfer, oedd datgloi'r drws er
mwyn i Moffat, wedi noson gron o gwsg, fynd allan i
wneud ei raid. Ei fwriad ef, fodd bynnag, oedd try-
lamu'n lân dros y ffens i ganol defaid Cysulog, a'u
rhedeg o adwy i adwy ac o lechwedd i lechwedd.
Minnau, am saith y bore, mewn pâr o slipars llac ac yn
llewys fy nghrys wrthi'n ymffaglu ar ei ôl gan alw a
chwibanu'n huawdl. Wedi cryn awr o'i hela trwy'r
llwydrew, o'r diwedd llwyddo i goleru'r labrador yn
ochrau Cadair Dinmael, a'i dywys tuag adre gyda
bygythion, gan daer obeithio nad oedd neb o'r ardalwyr
wedi'n gweld ni. O'r diwedd, cyrraedd yn ôl i'r tŷ, a'r
ddau ohonom yn ageru fel dreigiau.

'Reit! Fory, mae hwn yn mynd yn ôl at Wil Berry i
Lanrwst. A dyna ben ar y busnes.'

Afraid yw dweud na wireddwyd y bwriad mewn un-
rhyw fodd, dim ond tyngu na ddôi yna'r un ci arall
atom wedi dyddiau'r labrador du. Bu Moffat yn fath o
fab inni am dair blynedd ar ddeg arall, nes i'r angladd
preifat adael craith ddieithr yn yr ardd, ac un ddieith-
rach fyth yn y profiad.

A ddaeth acw gi wedi hynny, ynteu? Cyn pen deu-
ddydd, do. Gan fod colli'r anadlu a'r ymsymud a'r
anwesu'n troi'n annioddefol, wele gyrchu Mac, y *collie*
hirflew a'r wasgod wenllaes; hwn oedd y creadur
harddaf ei wisg a'i raen a welsom erioed. Ond cyn inni
brin sylweddoli, yr oedd hwn eto'n ein meddiannu'n
union fel y gwnaeth y labrador o Lanrwst.

Bu fy ngwraig a minnau'n cynllunio gwyliau inni'n
dau am nifer o hafau, a byddai popeth yn datblygu'n
hwylus nes codi'r cwestiwn blynyddol: 'Beth am y ci?'
Mae'n wir inni roi cynnig ar adael yr anifail mewn

114

cenel neu ddau fel math o arbrawf byr. Ond sylw'r naill berchen cenel fel y llall oedd i'r ci droi'n afreolus gan hiraeth, iddo fagu rhyddni, gwrthod bwyta, a chleisio'i drwyn hyd at waed wrth ofer-geisio dianc o dan ddrws ei gell. O'r herwydd, gan nad oedd fawr o drefn i fod ar rodio'r gwyliau, y cytundeb oedd i Mac rannu'i aelwyd gyda ni am un mlynedd ar ddeg. Yna, yn anochel, daeth y diwedd ciaidd yn ei hanes yntau, fonheddwr hyfryd.

Serch hyn oll, nid oedd dysgu gwers yn hanes y cwn-garwyr, ac wedi deuddydd o wacter anniffiniol (a chyn inni gael gwyliau) dyma'r trydydd yn cyrraedd, tarfgi Cymreig, a gafodd yr enw Daniel y sbaniel. Cyn pen dim o dro, gwyddem fod hwn eto fel ei ragflaenwyr ar gwrs o fowldio'i warchotwyr. Erbyn heddiw, rwy'n tybio fy mod yn rhyw ddechrau deall sut y mae'r ci tŷ yn gweithio'i bethau. I gychwyn, y mae'r brawd blewog yn credu mewn cymryd digon o amser gan fodloni ar ennill ei dir fesul tipyn bach, bach.

Ar ei noson gyntaf gyda ni, rhoddwyd gwely i'r ci newydd yn y garej. Ond pe gwyddem hynny, nid oedd y cyfaill bychan yn bwriadu am un munud gysgu mewn lle o'r fath, ac erbyn y bore cawsom weld pam: roedd wedi troi tanc petrol ar hyd y llawr, wedi cnoi brwsys paent yn stympiau, a malu pentwr o gylch-gronau'n gonffeti. Beth gan hynny a wnaeth y teulu gyda'r newyddian trwblus hwn? Yr ateb oedd ymildio mymryn. Dim ond y mymryn lleiaf, wrth reswm, gan drefnu llety'r nos drannoeth mewn bocs yn y gegin. Ond yr oedd y ci bach wedi ennill y rownd gyntaf yn rhwydd, wedi llwyddo i gael ei symud o'r garej i'r gegin, ac ubain gydol nos wedi talu iddo ar ei ganfed.

Fodd bynnag, daeth lle i amau nad oedd y gegin, hithau, yn ddigon da ychwaith, fel y profwyd yn eithaf eglur wrth godi ar yr ail fore: pwll neu ddau ar y llawr, ymyl mat wedi cael cryn gnofa, ynghyd â bagiau papur ar hyd y lle. Bwrw ceryddon i gyfeiriad y swp crynedig yn y gornel: 'Be ' di hyn, Daniel? Be' ydi peth fel hyn? A! ci drwg! Allan â chdi!' Gyrru'r creadur trwy'r drws, cau hwnnw'n glep, a'i adael yn y glaw.

'O'r gorau! Ond sut, tybed, y byddai'r ci'n ymateb i driniaeth felly? Mae'n ymddangos mai'r dacteg o'i du ef oedd eistedd yn fwndel crwm yng nghanol y glaw, cynhyrchu math o simpran-grio dan grynu'n dra helaeth. Wedyn edrych at-i-fyny (ond heb godi'i ben) nes bod gwyn mawr eilygaid yn amlwg, ac yna gadael i'r llygaid hynny bledio nad oedd ganddo ef, greadur amddifad, neb yn y byd caled hwn i ofalu amdano na chartre 'chwaith i fynd iddo. Ac yna, yn rhoddiad y galon ddynol, clywyd yr ildiad a ganlyn:

'O, wel, tyd yn dy flaen 'ta. Ac aros di yn y gegin yma. Dim symud, cofia di . . .'

A dyna'r ail rownd drosodd, ac wedi'i hennill heb ormod o drafferth. Ond yr oedd eto dir lawer i'w fedd-iannu. Onid yn yr ystafell hwnt i'r gegin yr oedd y tân? Gwir, ond nid gwiw llamu'n syth am y gwres diddan hwnnw. Yrystryw fyddai ymlusgo gan bwyll ara ffesul awr nes o'r diwedd gyrraedd yr ystafell fyw. A'r peth hollbwysig wedyn fyddai gorwedd yn isel ddisylw, yn anweledig hyd y byddai modd.

'Daniel! Be' wyt ti'n 'i 'neud yn fan 'na?'

Ni wnaeth Daniel ateb y cyfarthiad dynol, wrth gwrs.

'Be' ddeudis i? Y gegin, yntê? M?'

Ni wnaeth Daniel ateb wedyn ychwaith, dim ond ymgodi'n euog ansicr, a chyda'i dafod poeth llyfu llaw ei feistres. Roedd y weithred honno'n strôc mor effeithiol nes meddalu pob llymder yn y fron.

'O, 'ngwas-i! Rwyt ti mewn drafft yn fan 'na. Tyd yma, Dan bach, iti gael c'nesu.'

Bellach, roedd yr hedonist yn rholyn ar ganol y mat o flaen y tân, yn grwn fodlon. A dyna'r drydedd rownd wedi'i hennill mor syml â hynyna. Ond ychydig a wyddem fod yr anwesyn wedi sylwi fod yna soffa esmwyth gerllaw, ac na fyddai ond cwestiwn o amser cyn hawlio honno hefyd. Rhyw bnawn, heb i neb sylweddoli dim, roedd y tarfgi ar y soffa yn sypyn cynnes, anymwybodol.

'Lawr o fan'na!' cyfarthodd un llais.

'Gad i'r peth bach,' plediodd y llall. 'Mae o wedi blino, edrych. 'Neith o ddim drwg,' gan ildio'r bedwaredd rownd i'r sbaniel. Digon, os trist, yw cyfaddef iddo ennill pob un rownd yn gyson ar ôl hynny, a'i brofi'i hunan yn bencampwr yr aelwyd.

Ar wahân i'w hystrywiau gwreiddiol, y mae'r cŵn anwes hyn yn datblygu i fod yn gymeriadau sy'n fynych yn ddigrif, weithiau'n gymhleth, ac ar brydiau'n niwrotig. Yn niwrotig yr un fath â ni'r teulu dynol. O degwch â'r cŵn, pa siawns arall sydd ganddyn nhw? Onid yw unrhyw greadur sydd am fyw gyda dyn yn bownd o fynd yn od cyn y diwedd?

Ystyrier Moffat, y labrador. Er mai ci adar oedd hwnnw, eto ar ôl defaid y byddai'n dewis mynd. Am Mac, y *collie*, ci defaid oedd hwnnw, ond ar ôl adar y byddai ef yn mynd. Ymhellach, roedd y labrador i fod yn gi-dryll, a'i hil wedi arfer â ffrwydrad ergydion. Ond os clywai Moffat ergyd taran, byddai'n sleifio am loches o dan y bwrdd gan grynu drwyddo draw a gollwng diferion bach o ddŵr ar lawr. Yn nydd y daran, y mae'n llythrennol wir y gellid clywed calon y creadur mawr yn colbio curo mewn ofn.

Ond am y *collie*, nad oedd unrhyw fath o gi-dryll, pan ddôi taranau fe fynnai hwnnw gael mynd allan i ganol y cymhelri. Ac yno'n ddiferol yn y cenllif a'r mellt, fe syllai'n gadarn tua'r cymylau gan gyfarth y storm, daran am daran.

Beth, felly, am Daniel y sbaniel, y tarfgi Cymreig o bedigri pur, a'i deulu'n ennill yn gyson mewn sioeau o fri yng Nghymru a Lloegr? Y sefyllfa hyd yma yw hyn: i Moffat, y labrador, fynd ar ôl defaid. I Mac, y *collie*, fynd ar ôl adar. Gweddus yw gofyn ar ôl beth y mae Daniel yn mynd? Yr ateb yw: ar ôl dim byd oll. Nid oes

117

ganddo'r diddordeb lleiaf yn y busnes o gwbl, mewn na sioe na dafad nac aderyn, nac unrhyw beth arall cwnyddol.

Cofiaf un dydd yng nghorsydd Rhos-lan fy mod wedi dringo dros glawdd esmwyth o un cae i un arall, gyda Daniel sbel ar ôl, fel arfer. Fe gyrhaeddodd, toc, i ben y clawdd a neidio trosodd. Ond heb yn wybod iddo'i hunan, fe neidiodd yn llythrennol ar gefn ysgyfarnog. Roeddwn i yn y fan a'r lle ac yn gorfod credu fy llygaid. Rhoes yr ysgyfarnog lam i'r awyr ac ymsaethu o'r fan trwy'r crawcwellt. 'Edrych, Daniel! Dos!' erchais innau. Nid oedd gan y sbaniel yr un syniad at beth y cyfeiriwn mor gyffrous. (Mae fy nghymydog, Ellis Edwin, yn dyst hefyd o'r bore y galwodd heibio gyda Nel, yr ast, a hithau'n cwna bryd hynny. Y cyfan a wnaeth Daniel oedd ysgyrnygu arni, cystal â dweud wrthi am gadw'n glir o'r fangre. Nel, druan.)

Gan hynny, prif ddiddordeb Daniel y sbaniel yw cysgu ger y tân. Bonws, mae'n wir, fydd cael dod yn y car gan ddal ymlaen â'i gysgu yn y sedd ôl. Y mae wedi crwydro Cymru, ôl a gwrthol, gyda'r mannau y bu ynddynt yn rhy niferus i'w rhestru. Bu gyda mi mewn priodas ac angladd fwy nag unwaith, mewn dosbarth nos yn Rhoshirwaun, a phan oeddwn yn annerch llond ystafell o ddisgyblion ysgol yng Nghaernarfon, cafodd Daniel ei anwylo'n llawer mwy helaeth na'r darlithydd.

Wrth holi yn ei gylch un tro, dywedodd cyfeilles o'r Penrhyn beth fel hyn wrthyf: 'Maen nhw'n dweud fod cŵn yn mynd yn debyg i'r bobol sy'n byw efo nhw.' Yna, aeth rhagddi'n dirion i fanylu ar ei phwynt: 'Mae 'na rai pobol efo cŵn cas, on'd oes? 'Fuo' gynnoch chi 'rioed gŵn cas, yn naddo? Cŵn *gwirion* sydd gynnoch chi bob amser, yntê?'

Ni allwn ond rhyw gytuno'n ddryslyd â hi.

★   ★   ★

★   ★   ★

Lle bo'r galon yn feddal, mae dolurio'n rhwydd. Fe'i gwanwyd ddwywaith eisoes. Gwn fod trydydd gwaniad yn yr arfaeth. Buddiol, efallai, yw cofio geiriau ei nain wrth Mary Corbett Harris: *Where there is animal wor- ship there is human sacrifice.*
A'r cwpled gan Rudyard Kipling:

*Brother and Sisters, I bid you beware
Of giving your heart to a dog to tear.*

Consart Guto Rhos-lan

Y teliffon yn canu toc wedi deg o'r gloch y nos.
'Gwranda! Guto sy' 'ma. Clyw! Lle 'r wyt ti wythnos i'r Sadwrn nesa' 'ma?'
Minnau heb fod fyth yn awyddus i gymowta ar nos Sadwrn, yn gofyn pam.
'Mae 'na rywun isio dŵad draw i dy weld di.'
'Pwy?'
''Fedra' i ddim deud y munud yma. Ond mae rhywun yn reit awyddus i dy weld di dy weld di fora Sadwrn. Wythnos i'r nesa' 'ma.'
'Yn y bora?' holais mewn dryswch. 'Pwy sydd isio 'ngweld i ar fora Sadwrn, o bob adag? A pham wythnos i'r Sadwrn, Guto?'
Roedd tawelwch anesmwyth ar ben arall y sgwrs.
'Yli! 'Fedra' i ddim 'sbonio ar y ffôn fel hyn . . .'
Gwranda! Ydi hi'n iawn 'taswn i'n dŵad draw yna?'
'Wel, ydi siŵr iawn. Ond pryd?'
'Heno. Rŵan hyn os leci di. Clyw! Oes rhywun yna?'
'Nac oes. Tyd draw ar bob cyfri.'
'Iawn. Mi fydda' i yna mewn pum munud, yli.'
Rhedeg allan i gyrchu hafflaid o briciau i achub y mar- wydos yn y grât. Cyn pen pum munud, swn ffaglu y tu

allan i'r drws. Agor. A Guto'n cyrraedd i esbonio'r holl ddirgelwch . . .

Priodas dawel, dawel oedd hi i fod. Dyna'r dymuniad o'r ddeutu. Nid oedd math o grybwyll i fod ar glust yr ardal. O'r herwydd, wrth drafod y trefniadau, un ai trwy delìffon yn y tŷ, neu mewn sgwrs ar y stryd, byddai'n rhaid siarad ar ddamhegion.

'Dim ond pump ohonon ni fydd yn y briodas i gyd,' meddai Guto. 'Ond *consart* fydd a'i'n galw'r peth, cofia. Rŵan, rydw i'n trio hel *pedwarawd* at 'i gilydd ar gyfar y consart, fel petai. Mae gen i dri yn barod—y narpar wraig, Marian. A'i chwaer hitha, Eifiona, fel morwyn briodas. Dyna iti ddau aelod o'r pedwarawd, yntê? Finna wedyn i ganu bas, dyna iti dri. Wedyn mi fydd isio gwas. Wel, Merêd fydd hwnnw—tenor siort ora i'r pedwarawd.'

'Ymhle y bydd y consart?' gofynnais innau.

'Yng nghapal Rhos-lan—os medri di drefnu i ga'l y lle'n 'gorad heb i'r stori fynd allan. Rydw i wedi gneud efo'r cofrestrydd yn barod, hogan bach o'r Berch. *Beirniad* y consart ydw i'n galw honno. Mi fydd y beirniad yn y capal erbyn hannar awr wedi naw y bora. Ond rŵan 'ta, gwranda! 'Fedrwn ni ddim priodi'n hawdd heb weinidog. Hynny ydi, mae'n rhaid i'r consart ga'l *arweinydd*. Ti fydd hwnnw.' 'Fedri di ddŵad?'

O ran direidi a fyddai'n rhoi sbrog yn yr olwyn, dywedais y peth gwallgof cyntaf a ddaeth i'm meddwl.

'Amhosib, Guto! Rydw i'n annerch efo'r S.D.P. yn Stoke am ddau y Sadwrn hwnnw. Ac anerchiad arall am chwech yn Wolverhampton. Biti goblyn, achan.'

Fferrodd Guto yn y gadair a'i ddau lygaid yn rhythu'n wag arnaf. Yna'n araf chwalodd gwên lydan dros ei wyneb o weld mai siarad lol roeddwn i.

Cyn pen deuddydd yr oedd Merêd wedi cael llythyr oddi wrtho yn cynnwys brawddeg debyg i hon: *Rydw i wedi dod o hyd i arweinydd ar gyfer y consart. Bu'r cyfaill hwnnw ar un adeg yn gweithio hefo ti ar y Buarth.*

Mentrais adael pethau hyd nos Iau cyn ffonio'r Tŷ Capel. Gofyn i'r gofalwr fod cystal â datgloi'r drws erbyn naw o'r gloch fore Sadwrn, y carwn bicio i'r capel am sbelan. Heb holi un gair ymhellach, chwarae teg iddi, addawodd y wraig dda y byddai'r lle'n agored ar fy nghais gyda phleser. Ac felly'n union y bu.

O'r diwedd gwawriodd y bore di-sôn. Gweinyddwyd y briodas, a chafodd y pump ohonom ynghyd â'r cof-restrydd wasanaeth hyfryd yng nghwmni Bendithiwr pob priodas. Rhwng emyn Parry-Williams, 'Molawd Cariad' Paul, a Salm Dafydd, cawsom oedfa-gameo a gofir tra byddwn, bellach.

Wedi'r seiat fach ddethol honno, aethom ein pump i gartre'r priodfab. Roedd Guto (yn ôl ei fanylder nod-weddiadol) wedi trefnu fod y ffotograffydd, Nigel o Borthmadog, i ddod i'r Muriau Mawr toc wedi deg, a'i hysbysu mai tynnu llun *pwyllgor* fyddai'r dasg y bore hwnnw.

Cyrhaeddodd y cyfaill yn ei bryd gyda'i offer, ond pan welodd mai priodas oedd y 'pwyllgor' edrychodd yn hollol hurt ar y pump ohonom. Cerddodd yn ôl a blaen yn anghredadun dryslyd gan sibrwd llawer o syn-dodau wrtho'i hunan. Ac wrth Guto! Er i Nigel gyf-lawni'i waith yn llwyr broffesiynol, nid wy'n sicr a yw eto wedi dadebru o'r sioc honno.

Yn y man, aethom yn bump i westy croesawus Madog yn Nhremadog, cael gwledd odidog gartrefol yno rhwng sgwrsio am Parry-Williams ac am gymeriadau Eifion-ydd a Thanygrisiau.

Bu Merêd yn was da a ffyddlon—ar wahân i un llith-riad. Roedd siarad y pump ohonom mor ddifyr o gwmpas y bwrdd nes i'r gwas lwyr anghofio bod llestr mint-sôs ar ei bwys, ac o'n golwg ni, llestr na sylwodd arno nes i bawb orffen gwledda. Ac erbyn hynny,

121

roedd hi'n rhy hwyr. Mae'n wir inni rygnu rhyw gyng-haned dila yngylch y peth ... 'O, faint y siom am fint-sôs!'

Ond yr oedd o'n gonsart da.

Tommy Farr

Yn Ysgol Porthmadog yr oeddwn i, ac yn dair ar ddeg oed. Peth cyffrous oedd bod yn dair ar ddeg. Llond corff o egni, o anadl ac ystwythder. Rhyw bymtheg o fechgyn yn y dosbarth, gyda'r un nifer o ferched.

Pethau diddorol oedd merched tair ar ddeg oed hefyd. Roedd rhyw ddirgelwch o'u cwmpas nhw. Roedden nhw'n ddel, ambell un yn ddel ofnadwy. Mor ddel ar adegau nes cael effaith bur ddifrifol ar hogyn tair ar ddeg oed. Y trwbwl oedd ei bod yn anodd gwybod beth i'w ddweud wrth eneth felly, heb sôn am wybod beth i'w wneud â hi.

Gan hynny, fel bechgyn tair ar ddeg oed, yn lle cyboli gyda merched, mwy difyr a diogel fyddai encilio tua'n byd bachgennaidd ni'n hunain. Chwarae pêl-droed, yn ferw o chwys ac o fwd. Dro arall, ymrafael ac ymaflyd codwm gan ymrowlio mewn pridd. Ac ar brydiau, ffraeo'n gaclwm—a dyna hi'n sesiwn o gwffio milain.

Cofiaf i Now, Pen-bryn, daro llanc llydan-ysgwydd o Feddgelert ar gliced ei ên: un slap felltennol, a dyna'r brawd yn fflat ar lawr. Cwffiwr perffaith glinigol oedd Now, ac nid yw'n syndod deall mai efô, y Mr. Owen enwog hwnnw, a ddaeth yr un mor glinigol fel llaw-feddyg o gwmpas ysbytai Gwynedd.

Sut bynnag, wrth ymhêl â chwaraeon bachgennaidd yn Ysgol Sir Porthmadog, penderfynodd fy mhartner-desg, Isaac, a minnau fynd ati i weithio ar lyfr lloffion. Isaac yn casglu popeth am arwyr y byd pêl-droed, a minnau enwogion byd bocsio. Wedi blwyddyn dda o ddyfalwch roedd llyfr y naill fel y llall yn orchest o'r toriadau papur newydd mwyaf difyr. Ond ar y diwrnod olaf un wrth inni ymadael am byth â'r ysgol, gwnaeth Isaac a minnau beth rhyfedd o annisgwyl, sef cyfnewid y ddau lyfr: efô'n rhoi'r llyfr pêl-droed i mi, a minnau'n rhoi'r llyfr bocsio i Isaac.

Yng nghwrs llawer o amser, wedi inni'n dau golli pob cownt ar ein gilydd, bu'n edifar distaw gennyf ollwng y llyfr bocsio hwnnw o'm dwylo. Onid oedd ynddo ffeithiau prinion am gynhariaid y grefft, fel John L. Sullivan, James Corbett, Jess Willard, Dempsey, Carpentier a Tunney a'u tebyg? A sawl ffotograff o rai fel Larry Gains, Jack Petersen, Walter Neusel, Ben Foord, ac, wrth gwrs, Tommy Farr, un o hoelion wyth y ring.

Tair ar ddeg oed oeddwn i pan oedd Tommy Farr yn cwrdd â Joe Louis yn yr Yankee Stadium yn Efrog Newydd, gyda Bob Bowman yn rhoi sylwebaeth radio, a chenedl y Cymry wedi aros ar ei thraed i ddilyn helynt y paffio am dri o'r gloch y bore . . . .

Mynd heibio'n llinyn a wnaeth y blynyddoedd gan sadio pawb ohonom yn ei rigol. Un pnawn, a minnau'n ymweld â chleifion yn ysbyty Madog, wrth symud o erchwyn i erchwyn dyma stopio'n sydyn, a'm cael fy hun yn syllu ar glaf gorweiddiog, gŵr pengrych, glandeg.

'Isaac?' awgrymais yn araf.

Trodd y gŵr ei ben dan edrych arnaf yn graffus a hir.

'Rogw!' meddai yn y man, gan ddyfynnu f'enw ysgol, gynt.

Nid oeddem wedi gweld ein gilydd ers y diwrnod ffarwelio hwnnw wrth adael yr hen ysgol, a deng mlynedd ar hugain wedi mynd heibio. Wrth sgwrsio'n atgofus ein dau, dyma Isaac yn gofyn cwestiwn hollol annisgwyl:

'Wyt ti'n cofio'r hen lyfr bocsio hwnnw ers talwm?'

'Ydw'n wir, Isaac,' atebais innau'n hiraethus.

'Mae o gen i byth, cofia,' meddai yntau. "Fasat ti'n lecio'i gael o?'

Ac felly, gyda diolch gwiw i'm hen ffrind ysgol, y daeth y llyfr colledig yn ôl i'm meddiant.

Yn gymharol ddiweddar, cefais fy nghyfareddu gan raglen deledu o'r enw *Maestro*, lle'r oedd Tommy Farr yn bwrw golwg yn ôl ar ei yrfa stormus. Roedd yn gwneud hynny mor wylaidd a di-fost nes imi gymryd yn fy mhen i sgrifennu llythyr at yr hen baffiwr, gan ddyfynnu'n ddiogel o'r llyfr lloffion. Crybwyll ei ornest epig â Louis, bid siŵr, a'i atgoffa fel y bu iddo fentro gwneud *comeback* mewn bocsio, a hynny dros ddeuddeng mlynedd wedi'i sgarmes â Louis. Soniais fel yr oeddwn wedi'i weld yn paffio yn Anwythig yn erbyn Dennis Powell, a'i wylio wedyn hefyd ym Mangor yn erbyn Steve McCall. (Er iddo ennill y troeon hynny, roedd y Tommy hoffus yn rhy agos at ddeugain oed i herio'r gwaed ifanc.) Awgrymais wrtho mai Len Harvey oedd y medrusaf o griw ei gyfnod ef, a sôn am dristwch Johnny Owen ar lawr y ring yn Los Angeles . . .

Cyn pen ychydig ddyddiau daeth llythyr o Shoreham oddi wrtho, yn angáu darlun ohono'i hunan yn nydd-iau'i anterth, ac wedi sgrifennu ar waelod y ffotograff:

To Robin—thanks for taking me down memory lane. Tommy Farr.

Am awr neu ddwy wedi'r post hwnnw, roeddwn yn teimlo fel hogyn tair ar ddeg unwaith eto.

Bellach, fe roed hanner can mlynedd ar ben teir-blwydd ar ddeg y llefnyn ysgol hwnnw. Ac eleni, ar Ddygwyl Dewi, daeth newyddion y dydd ag ias ddeithr i'r galon: roedd Tommy Farr wedi ymladd ei sgarmes olaf un.

Bu farw ar Fawrth 1af 1986.

Muhammad Ali

Dechreuodd baffio yn hogyn deuddeg oed, a daeth i'r amlwg fel y bocsiwr hynotaf a welwyd erioed.

Aeth ei hanes dros wyneb yr holl ddaear, gydag enwogion o bob maes yn tyrru i'w wylio, gan gynnwys Coretta, gwraig Martin Luther King, Richard Burton, Elizabeth Taylor a'r Parchedig Ralph Abernathy. Roedd penaethiaid y gwledydd yn awchu am ysgwyd llaw ag ef, i enwi ond Nasser yn yr Aifft, Brezhnev yn Rwsia, a Nkrumah yn Ghana. Roedd pob sianel radio a theledu drwy'r wybren yn rhoi sylw iddo. Ac yn Llundain pan oedd y miliynau'n gwylio'r telediad o'r sgarmes rhyngddo a Henry Cooper, tystiwyd y bu i gronfa drydan Prydain agos â mynd yn hesb.

Dyna felly gyflwyno Cassius Marcellus Clay, a aned yn Ionawr 1942 yn faban chwe phwys a saith owns, a'i fedyddio gan Eglwys y Bedyddwyr yn Louisville. Ddiwedd Chwefror 1964, fe glywodd Cassius Clay bregethwr o grefydd y Mwslim yn esbonio mai pobl wedi colli'u gwreiddiau oedd y bobl dduon, a bod caethwasiaeth wedi achosi iddyn nhw golli'u hiaith ac, ar ben hynny, golli'u henwau.

Sylweddolodd y paffiwr ifanc mai'r dyn gwyn a fu'n gorthrymu'r caethion a roes i'w deulu'r enw 'Clay'. Yn ystod yr oedfa honno fe benderfynodd Cassius Clay ddewis enw newydd sbon iddo'i hunan, ac felly y daeth i fod 'Muhammad Ali', gyda'r bocsiwr Batus bellach wedi bwrw'i goelbren ym mhlaid Allah, duw'r Mwslim. O hynny ymlaen, gellir dweud fod Muhammad yn ymladd brwydrau, nid yn unig o'r tu mewn i'r ring, ond y tu allan iddi'n ogystal.

Pwy, ynteu, oedd y Muhammad Ali hwn? Dyma'r ateb cyson barod o'i enau ef ei hun am flynyddoedd maith: *'I'm the greatest. I'm pretty.'* Gyda'r cyflwyniad clodforus hwn ohono'i hunan aeth Ali rhagddo i baffio'i ffordd trwy'r byd gan gipio coronau lawer ac

ennill iddo'i hun dros ddeng miliwn ar hugain o bun-
noedd. Ond nid heb ei lyfetheirio hwnt ac yma. Am
iddo wrthod mynd i ryfel yn Fietnam dygwyd ei drwydd-
ed baffio oddi arno, a'i atal rhag bocsio am dair
blynedd. I baffiwr, mae colli tair blynedd o binacl ei
gryfder fel rheol yn golli anadferadwy.

Anadferadwy i bawb ond i Ali. Daeth ef yn ei ôl gan
ysgubo pob gwrthwynebydd o'r neilltu gyda chyson-
deb oedd yn ddychryn. Mae'n wir i ambell un brofi ar
brydiau mai clai oedd ei ddefnydd yntau hefyd; er
enghraifft, cafodd gracio'i ên mewn sgarmes â Ken
Norton. Bu mewn ysbyty hefyd ar ôl torri'i lengig. Yna,
trwy or-hyder a diofalwch ffôl fe ildiodd ei goron fel
pencampwr byd, a hynny i baffiwr eithaf dinod o'r enw
Leon Spinks. Ond toc ar ôl hynny, dyma'r Ali, o gwrdd
eilwaith â Spinks, yn rhoi gwers i'w chofio i hwnnw
gan adennill ei lawryf am y trydydd tro, peth na wnaed
gan neb erioed, erioed o'r blaen. Roedd cyflawni'r gamp
honno o fewn tair blynedd at fod yn ddeugain oed yn
orchest a synnodd y byd bocsio.

Beth, tybed, oedd cyfrinach Muhammad Ali? Nid
nerth ei ddyrnod, o achos fod nifer o grymffastiaid y
ring yn meddu ergyd galetach nag Ali. I gymhlethu'r
ateb, onid oedd yn torri pob rheol baffio gan ysgafn-
ddawnsio o flaen ei wrthwynebydd gyda'i ddwy fraich
yn hongian yn llac wrth ei ochr? Mewn ambell rownd
nid ymosodai y mymryn lleiaf, dim ond cagal-drotian
at yn ôl ac yn ôl. Dro arall, byddai'n pwyso i gefn
ar y rhaffau, ei freichiau ymhlêth dros ei gorff gyda'i
fenyg yn gwarchod yr wyneb, a'i wrthwynebydd yn
cael ffustio'i gawell fel y mynnai. Canlyniad arferol y
dull hwnnw oedd fod Ali'n gwbl groeniach, a'r paffiwr
arall wedi llosgi egni'n ddychrynllyd, er cost iddo'i
hunan. Weithiau ar ganol yr ymrafael, byddai Muham-
mad yn cael cwrs huawdl o siarad ac o brepian, seicoleg
oedd yn peri i'r llall ddrysu yn ei ymroddiad. Un tro,
pan oedd Ali a Sonny Liston yn cael eu pwyso cyn

ysgarmes, dechreuodd Ali floeddio'n ddireol gan ddiraddio Liston yn eithaf cïaidd yng ngŵydd pawb. Am i'r lloerigrwydd hwn ynddo wrthod yn deg â thewi, cafodd y *Louisville Lip* ddirwy yn y fan a'r lle o ddwy fil a hanner o ddoleri. Dro arall, pan ddaeth i Lundain i gymryd rhan yn sioe deledu Parkinson, ac i'r gŵr hwnnw ddolurio'i falchder, bwriodd Ali i draethu mor angerddol nes i Michael Parkinson cael ei lorio'n fudan; collodd awenau ei sioe ei hunan ac aeth y rhaglen yn gawdel cofiadwy.

Un peth y mae'n rhaid ei gydnabod yw fod Muhammad Ali yn rhywbeth llawer mwy na bocsiwr. Rhan o'i gyfrinach oedd defnyddio swm helaeth o seicoleg; roedd yn dynnwr coes o'r radd flaenaf, a chyda'r ddawn hon yn ychwanegol at ei arfogaeth athletaidd llwyddodd i dwyllo ugeiniau o'i wrthwynebwyr, a miliynau o'i wylwyr yn ogystal. Gwyddai i'r dim sut i wneud i'r busnes dalu, ac o'r herwydd fe gâi dŷ llawn ym mhob dinas a gwlad.

Honnai fod yn fardd hefyd, er bod ei gynnyrch yn salach na sala'r Bardd Cocos, fel yr awgryma'r pill a ganlyn:

Doug Jones likes to mix, so I'll let it go six;
If he talks jive, I'll cut it to five;
And if he talks some more, I'll cut it to four.

Gan anwybyddu rwdl fel yna, mae'n rhaid derbyn i Muhammad Ali fod yn bersonoliaeth aruthrol o rymus. Yr oedd rhyw awra o gwmpas yr wyneb golygus a'r corff athletaidd a belydrai bresenoldeb pendant. Yn fwy na hynny wedyn roedd yno ŵr o athrylith ddiamheuol, ac fel pob athrylith, yn mynnu delio â'r byd yn ei ffordd unigryw ei hunan. Bu agos imi â dweud 'ei ffordd anorchfygol ei hunan'.

Ond nid felly. Erbyn hyn fe gafodd yr Ali mawr siŵr-o'i-bethau ei lorio a'i orchfygu, ysywaeth. Bellach, ac yntau ond yn neugeiniau ei oes, y mae'r corff gwibiog wedi llesgâu, y tafod llithrig yn fyngus, a'r ymffrost powld wedi peidio. (O sylwi, fe sgrifennais hyn o druth am Ali gan ddefnyddio amser gorffennol y ferf, a hynny er fy ngwaethaf.) Canys wedi bod y mae'i deyrnasiad.

Mae'r ring wedi clwyfo'n dost. A dyna pam yr wyf bellach yn cymryd yn erbyn bocsio fwy a mwy, er y gall dadleuwr ei chynnig fel hyn: 'Onid yw pob rhyw chwarae'n gallu bod yn dost? Beth am joci mewn ras geffylau'n sigo pont ei ysgwydd? Neu bêl-droediwr yn torri'i goes? Rasiwr moto-beic yn cracio'i benglog?' A chwaraewr rygbi mewn sgrym yn cael agor ei dalcen?'

Digon gwir. Rhaid addef fod yna frifo damweiniol yn digwydd yn y rhan fwyaf o chwaraeon. Ond nid yw bocsio yr un peth â rasio ceffyl, neu gicio pêl, neu yrru moto-beic neu chwarae rygbi.

Y gwahaniaeth yw fod y ddau sydd yn y ring yn cwrdd yn unswydd i ddolurio'i gilydd. Mae'r naill yn dyrnu'r llall o fwriad, nid o ddamwain. A dyrnu, hyd y mae'n bosibl, nes bo'r llall hwnnw'n anymwybodol ar lawr. Ac ni wn i am unrhyw chwarae arall lle mae dau'n wynebu'i gilydd gyda'r unig amcan o agor archoll a phentyrru poen o wirfodd.

Erbyn heddiw mae'r anafu sy'n digwydd yn y ring-focsio'n bwnc llosg gan feddygon a rhai gwleidyddion. Mae'r ffeithiau'n cyhuddo'n llym o bob cyfeiriad: fod penglog sy'n derbyn can ergyd mewn un ffeit (sy'n eithaf arferol) yn wynebu perygl parlys, y cyflwr *punch-drunk*, ys dywedir. (Fe ddigwyddodd hynny i Primo Carnera gawr, ac aeth Jock McAvoy yn gripil o'i ganol i lawr; nid yw hyn ond nodi dau wrth basio o'r hen gyf-nod, gan sicrhau fod y rhestr yn cynnwys cannoedd.)

Y ffaith ysgytwol arall yw fod nifer o focswyr wedi'u lladd, rhai yn y fan a'r lle ar lawr y ring, ac eraill mewn amser i ddilyn. Yn myd bocsio amatur a phroffesiynol, tystir bod yn agos at bedwar cant a hanner o baffwyr wedi'u lladd er 1918.

Fel hyn y traethodd Muhammad Ali'i hunan pan gyfarfu â'r hen focsiwr toredig, King Levinsky: *A young fighter doesn't like to look in the face of a scarred, punch-drunk member of the tribe. He might see his own future.*

Cyflwyniadau

Wrthi'n gosod trefn ar fy silffoedd yr oeddwn i, a theimlo piti wrth agor ambell lyfr na byddai'r wasg wedi nodi blwyddyn ei gyhoeddi. Yn y man, fe'm cefais fy hun wedi codi trywydd o fath arall, sef mater y 'Cyflwyniad' hwnnw a geir ar ddalen gynnar mewn cyfrol. Brawddeg gwta fel—'Cyflwynaf y llyfr hwn i'm chwaer, Megan'. Neu'n fwy ffwrbwt—'I'm teulu'.

Mae'n wir fod ambell awdur yn anwybyddu'n llwyr yr arfer o 'gyflwyno'. Popeth yn iawn, wrth gwrs, gan mai mater o ffansi yw'r cyfan. Eto, mae'r rhan fwyaf o awduron wedi gofalu cofio am rywun neu'i gilydd mewn cyflwyniad, ac o ystyried, mae yna rywbeth digon dymunol wrth enwi perthynas neu ffrind yn y modd hwnnw. (Gyda llaw, pam y dechreuwyd yr arfer hwn? Pa flwyddyn oedd hi? A phwy oedd yr awdur cyntaf i wneud felly?)

Yn y man, sut bynnag, yn lle bod yn gosod trefn ar y silffoedd, fe'm cefais fy hunan wrthi'n tynnu llyfrau allan ar siawns, a hynny'n unswydd bellach i graffu ar y 'Cyflwyniad'. O gipio trwy lyfrau 'Cyfres Gwerin Cymru' gan O. M. Edwards, *Llynnoedd Llonydd, Clych Atgof, Er Mwyn Cymru* a'u tebyg, sylwais fod y cyflwyniad yno yr un un bob tro: 'I Werin ac i Blant Cymru'. Yna, yn lle oedi gyda chyfresi, dechreuais dynnu cyfrolau unigol hwnt ac yma'n hollol ar amcan, a tharo ar amrywiaeth fawr.

Mae *Y Stafell Ddirgel* gan Marion Eames wedi'i gyflwyno 'I Mam'. *Ym Mhob Pen* gan Iorwerth Peate—'I W.J.G. am ei fod yn deall'. *Yr Haf a Cherddi Eraill* gan R. Williams Parry—'I ddwy Gymraes, Jane a Myfanwy Parry'. R. T. Jenkins yn cyflwyno'i gyfrol *Cyfoedion* mor ffurfiol â hyn—'I Mrs. R. T. Jenkins'. Roeddwn yn dra chwilfrydig wrth agor *Hunangofiant Tomi* gan Tegla, a gweld iddo'i gyflwyno i'w ferch fach 'Dyddgu'.

Gan nad oes neb yng Nghymru wedi clywed am y Kynghor, gwell egluro mai ym Mangor y sefydlwyd hwnnw ym mhedwardegau'r ganrif hon. Tri aelod yn unig oedd (ac a fu erioed) ar y Kynghor, llywydd, ysgrifennydd a thrysorydd. Mae llyfr cofnodion y Kynghor gennyf o hyd, ond ychydig iawn a fedrai ddeall y cynnwys am ei fod wedi'i sgrifennu mewn Menfaeg. (Iaith Menai View oedd Menfaeg, a Menai View oedd enw'r llety lle'r oedd tri aelod y Kynghor yn bordio dros ddyddiau'r Coleg.)

Llywydd y Kynghor oedd J. R. Owen. Islwyn Ffowc Elis yn drysorydd, a minnau'n ysgrifennydd. Un noson, fel yr oedd y Kynghor yn eistedd, fe benderfynwyd bod y tri aelod i ystyried cael enwau newydd. Erbyn yr eisteddiad dilynol fe gadarnhawyd yr enwau newyddion hynny. Galwyd J. R. Owen yn James Hogge, Islwyn Ffowc yn Peter Gay, a minnau'n Filipo Delano.

Gyda'r blynyddoedd, yr oedd Ffowc wrthi'n llenydda'n orchestol gan ddwyn allan o'r wasg gyfrol ar ôl cyfrol. *Cyn Oeri'r Gwaed* oedd y llyfr cyntaf, a hwnnw wedi'i gyflwyno 'I Eirlys'. Yna'n gymysg â sawl rhyfeddod llên arall, daeth nofelau 'Lleifior'. Ond ym 1961, ymddangosodd nofel dra hynod o'i waith (hoff gyfrol yr awdur ar ei addefiad ei hunan) gyda'r teitl annisgwyl *Tabyrddau'r Babongo*. O edrych ar y cyflwyniad yn nechrau'r nofel honno, fe welir hyn: 'Er Cof Gogleisiol am Hogge, Delano a Gay.' (Dyna'r unig dro i'r Kynghor gael ei gydnabod yn gyhoeddus, fel petai.)

Fel y gwyddys, crwydrwr diarhebol oedd Llwyd o'r Bryn, yn arwain eisteddfodau hwyrol neu'n darlithio ym mhellteroedd gwlad, a chyrraedd adre'n ôl i'r Sarnau yn yr oriau mân. Pan ddaeth ei gyfrol *Y Pethe* o'r wasg, gwelwyd y fflach fwyaf direidus erioed: 'I Nans am warchod'.

Yn y llyfr cyffrous *Williams Pantycelyn*, y cyflwyniad gan Saunders Lewis yw'r ddeuair 'I'm Tad'. *Atgofion Cardi* (y gyfrol gyntaf) gan Doctor Tom Richards—'I'm dwy ferch, Rhiannon a Nest'. Os yw'r darllenydd yn gyfarwydd â'r awdur ac â'r cysylltiadau, mae popeth yn rhwydd, ond y mae gwedd arall ar bethau. Dyna gyflwyniad T. I. Ellis yn ei deithlyfr *Crwydro Ceredigion*—'I gofio John Lewis Noakes', pan fo dyn yn dechrau holi pwy oedd y cyfaill hwnnw. A'r cawr-athronydd J. R. Jones yn cyflwyno'i lyfr *Prydeindod* —'I Betsan a'i chenhedlaeth hi'. Wedyn, cyfieithiad hyfryd Trebor Lloyd Evans, *Cymru Kilvert*, wedi'i gyflwyno—'I Lisi, ac i gofio Elin, a'r croeso mawr yn Nhŷ'n lôn'. (Mae chwilfrydedd am ofyn pa 'Dŷ'n lôn' oedd hwnnw.) Ystyrier *Crwydro Patagonia*, lle mae Bryn Williams wedi cyflwyno'r gyfrol—'I Deulu Cefnmelgoed'. Mae'r enw ynddo'i hunan yn hyfrydwch, ond ym mhle mae Cefnmelgoed, ai yma yng Nghymru, ai ym Mhatagonia bell? (Brysiaf i ddweud nad yw o bwys i neb ohonom pwy yw pwy mewn cyflwyniad. Mater cwbl bersonol ydyw rhwng yr awdur a'i bobl breifat ei hunan. Ond y mae'n ennyn chwilfrydedd!)

Un tro yn nyddiau'r glasoed, deuthum ar draws fy nghyfaill wedi methu'n deg â thanio'i gerbyd. Wrth lidiart ucha'r ffordd yr oeddem, ffordd yn arwain i lawr trwy drichae neu bedwar at ffermdy mewn padell yn y pant. O godi'r bonet a sylwi ar y grawen bowdrog oedd wedi magu ar ddau begwn batri'r car, y peth amlwg i'w wneud oedd llacio dwy nyten a chrafu'r metel nes cael cyswllt iach i'r trydan. Ond y gofal cyntaf un oedd cael erfyn ar gyfer y gorchwyl hwnnw.

"'Fyddwn ni fawr o dro'n cael trefn ar betha,' meddwn i," "taswn i'n cael 'goriad.'

'O! Mi a' i i nôl un,' atebodd fy nghyfaill gan duthian yn hwylus tua'r pant. Cyn pen chwarter awr daeth yn ei ôl yn chwys ac yn llafur, ac estyn imi agoriad mawr drws cefn y tŷ ffarm. Oedd o'n gwamalu? Nac oedd. Onid oeddwn wedi gofyn am y 'goriad?

Yn enw chwarae teg, na fernwch. Mae'n rhaid cyfaddef ar unwaith nad "goriad' yw gair ardalwyr Glyn Ceiriog am *spanner*. Ac am hynny, gallaf ddirnad yn eglur sut y bu i air o dafodiaith Eifionydd ymddrysu ar glust fy nghyfaill. Gallaf ddirnad yn eglur hefyd mai bardd oedd y cyfaill hwnnw, ac artist o'i goron i'w sawdl. Ond wedyn y mae'r cwestiwn yn aros: beth yn y byd a dybiai ef y gallwn i ei wneud i fatri car gydag agoriad drws cefn tŷ ffarm? Felly, ar ddalen flaen pwt o lyfr-poced o'r enw *Wrthi*, dyna'r esboniad ar y geiriau: 'Cyflwynaf y llyfr hwn i Islwyn Ffowc Elis, a estynnodd imi unwaith agoriad y drws cefn—o bopeth—at drwsio'i gerbyd!'

Ddeg o hafau'n ôl, roedd fy ngwraig a minnau'n rhodianna yn y creigiau poethion hynny sydd rhwng Salerno a Napoli. Ravello oedd enw'r pentref, lle bychan, dioglyd, yn cynnwys eglwys, castell, hen dŵr crystiog a sawl *villa* gyda gerddi rhwng bwâu a phileri, ac ysblander o flodau persawrus.

Dydd Mercher oedd hi, a'r dyddiad—Awst 16eg. Yn sydyn, cofiodd fy mhartneres mai ar Awst 16eg y priodwyd ni'n dau ym Mhonterwyd bell. Ac mai ar ddydd Mercher y bu hynny hefyd.

Ar gwr y sgwâr yn Ravello roedd yna weithdy bychan, bach, gydag Eidalwr golygus wrth ei fainc yn naddu cameo sy'n fyd-enwog. Felly, i gofio'r achlysur dyma brynu modrwy-dathliad i'r wraig dda a'm goddefodd gyhyd. (Credaf mai term Damon Runyon mewn cysylltiadau priodasol o'r math hwn yw *my ever-loving wife*.)

Cyn pen teirawr yr oeddem i lawr yn Amalfi. Yno, mewn siop ar fin y môr yr oedd Eidales gron yn gwerthu tlysau cwrel. Yn ysbryd y dathlu priodasol, dyma'r *ever-loving* yn prynu i minnau fodrwy, un arian garreg-gochliw. A'r Nadolig canlynol pan gyhoeddwyd *Cracio Concrit*, fe gyflwynais y llyfr gyda'r sillafau canlynol: 'I Doris—i gadw'r atgof am y cameo yn Ravello, a'r cwrel yn Amalfi.'

Bum mlynedd ar ôl hynny, yr oeddwn yng ngwlad Twrci yn crwydro creigiau poethach fyth. Necropolis oedd y lle, dinas y meirw, claddfa dair mil o flynyddoedd oed, nad yw 'n ddim oll bellach ond erwau o foelni tan-llyd, heb undyn ar gyfyl y fangre. Rhwng daeargrynfâu a lladron, cafodd y cistiau a'r silffoedd-claddu eu chwalu bob siâp, heb un asgwrn hyd yn oed yn aros.

Mae'r oesoedd wedi gogrwn y creigiau'n siwrwd, ac wrth grafangu at silff yn y fan hyn ac ymwthio i gist yn y fan acw, deuthum o'r fynwent, toc, â 'm cledrau'n grafiadau byw. Wedi cyrraedd y cerbyd, a thrin archoll neu ddwy, sylwais fod bwlch ym modrwy arian Amalfi. Roedd ei chlap cwrel wedi'i golli, heb unrhyw obaith o 'i ganfod ym mriwsionach y creigdir.

Tybed a welir archaeolegwr wrthi gan bwyll gyda'i fys a 'i fawd yn codi telpyn bychan cochliw allan o hen feddrod yn y Necropolis? Ac yn pendroni sut y daeth cwrel, o bopeth, i greigiau geirwon gwlad Twrci!

Twrc a Chymro

'Be' oeddet ti'n ei feddwl o bobol Twrci?' holodd fy mrawd hynaf pan ddychwelais o'r wlad bell.

'Wel, fachgan,' atebais innau, 'rydw i'n siŵr mai dyna'r bobol ffeindia' a welais i erioed yn fy mywyd.'

O fore bach hyd nos dywyll, yr oedd yn rhaid i'r Twrc gael rhoi rhywbeth inni. Nid yn unig rhoi help i ddieithryn ffeindio swyddfa neu *restoran* neu fanc, ond mynnu cael rhoi fel arall hefyd. Rhoi diod o'r *chai* nodweddiadol, sef y te di-lefrith hyfryd hwnnw. Rhoi potelaid o ddŵr inni, a dyna fendith oedd traflyncu dŵr oer yng ngwlad yr haul tanllyd a'r llwch tragwyddol.

Y croeso a gawsom mewn un tŷ oedd arllwys diferion helaeth ar gledrau'n dwylo ni—dafnau oerion allan o botel bersawr—a'r tŷ'n llenwi gan arogl yr ennaint. A dyna'r milwr hwnnw a ddaeth allan o i swyddfa unig yng nghreigiau Hierapolis gyda llond hambwrdd o laeth enwyn i bawb ohonom. (Nid oes hafal i'r Twrc am laeth enwyn a chaws a iogwrt.)

Os na fyddai unpeth yn digwydd bod wrth law gan y Twrc, âi at fin y ffordd a thorri blodyn inni. Neu estyn dyrnaid o gnau o rywle. Dôi ffrwythau atom o bob cyfeiriad; un gŵr yn dod o'i berllan yn unswydd i rannu basgedaid o afalau rhyngom, un arall yn cynnig pomgranadau, a'r llall ffigys. Ac am y melon cocha'r melon melyn, mae'r tafod yn dyfrio hyd heddiw.

Un pnawn, troi i faes lle'r oedd gŵr a gwraig wrthi'n cywain dail tybaco i'w basgedi, ac ar ôl cael rhwydd hynt i'w ffilmio wrth eu gwaith o hel dail, fel petai, fe wrthododd y cwpwl yn deg â derbyn unrhyw dâl am y ffafr honno. Mwy na hynny, roedd yn rhaid iddyn *nhw* gael talu i ni! A daethom o'r maes hwnnw gyda llond dwylo o'r tomato melysa'n fyw.

'Gredi di beth fel hyn?' meddwn wrth Jac. 'Ar y daith, roeddem yn aros sbel yn yr Hotel Tusan, gwesty unig yn y wlad y tu allan i Bergama. Ar fin y ffordd yng nghanol y moeli roedd yna siop a gwerthdy o ryw fath. efo tociau bach o feini gerllaw, rhai yn gochion a'r lleill yn wyrdd golau. Lle yn trin y garreg onics oedd o. Dyma stopio, jest i gael golwg. Ac er bod yr haul ar fachlud, a'r lle wedi cau, dyma'r perchennog allan a'n gwahodd i'w siop-gaffi. Yna'n dod â gwydriaid o *chai* i bawb, rhannu sigaréts, a mynnu'n bod yn cael golwg ar ei weithdy. Wedyn, galw ar ei fab i dynnu'r gorchudd oddi ar y peiriannau, tanio'r llif-gron, gwthio talp o faen godidog trwyddi er mwyn i bawb ohonom gael tamaid o'r onics i fynd adre gyda ni. Ein harwain eto fyth i'w siop, estyn diod inni drachefn, ac ar ben hynny rhoi anrheg o soser-lwch i bawb . . . .

Ac wedi i mi fod wrthi fel yna'n brwd-ddarlunio car-edigrwydd pobl Twrci, dyma 'mrawd yn dweud gyda chryn sobrwydd:

''Wyddost ti be'? Mi fyddai Tom Nefyn yn mynnu bob amser fod y Tyrciaid wedi cael llawer o gam. Roedd Tom Nefyn yn ystyried y Twrc fel tipyn o fonheddwr, cofia.'

Roeddwn i'n falch o deimlo fod y sylw yna'n ategu fy mhrofiad i. Yn fwy fyth felly o gofio mai yng nghyfnod y Rhyfel Mawr cyntaf ar draws y daeth Tom Nefyn ar draws y Twrc.

Yn ystod y rhyfel hwnnw y cododd Mustafa Kemal i'r amlwg. Dyn gyda gweledigaeth oedd Kemal; creadur cwbl hunanol, mae'n wir, ac ar ei waethaf yn medru bod yn llwyr ddidrugaredd. Ond fe erys mai dyn gyda gweledigaeth oedd Mustafa Kemal. Roedd am fynnu gwaredu Twrci o bob cyfeiriad: y tu mewn, o afael y swltan a'r califf, a'r tu allan, o afael unrhyw ymosodwr estron. Er iddo orllewineiddio'r wlad (ormod o lawer, debygwn i), eto, i'r Twrc hyd y dydd hwn, Mustafa Kemal yw gwaredydd mawr y genedl. Ni ellir symud i unman yng ngwlad Twrci heb weld darlun neu gerfiad neu ddelw o'r Kemal Atatürk mewn swyddfa a siop a sgwâr.

Mae un awdur a oedd yn adnabod Mustafa Kemal yn dda yn sôn amdano'n arwain ei wŷr yng nghyffiniau'r Dardanelles adeg y Rhyfel Mawr cyntaf. Rywle uwch-ben Bae Suvla, roedd yn llywio brwydr filain i gadw'r ymosodwyr rhag glanio. Ond glanio a wnaed, ac ymysg y milwyr hynny yr oedd Tom Nefyn . . . .

Yn eil lyfr Yr Ymchwil, mae Tom Nefyn yn disgrifio'n weddol fanwl y glanio costus hwnnw, gan sôn fel yr oedd y Cadfridog Almaenig Von Sanders yn helpu cyrch Mustafa Kemal, gyda'r bwledi a'r megnyl yn ffrwydro ym mhob cyfeiriad:

Ymlaen drachefn. O dan y coed deru, lle'r ymguddiai llu o snipers peryglus. Heibio i das o ŷd melyn, cynhaeaf rhyw ffermwr a ddiangasai o'r lle am ei einioes. O dipyn i beth, cyraeddasom weddillion clawdd prin ar odre'r bryn; ac yno heb fod yr un mymryn mwy na hanner cant o lathenni oddi wrth y fyddin elynol, y paratowyd ni gogyfer a'r peth cieiddiaf mewn rhyfel. Ynosod a'r bidogau, dyna yw hunnw.

Ar wahân i'r cyffro erchyll sydd yn yr hanes uchod, i mi y mae ynddo hefyd gyffro o fath arall, ac ni allaf beidio â dyfalu yn ei gylch.

Dwy fyddin o fewn hanner canllath i'frwydr. A'r posibilrwydd yw fod dau ddyn mor gwbl wahanol wedi sefyll yno, a hynny o fewn dim i'w gilydd. Y Twrc, Mustafa Kemal. A'r Cymro, Tom Nefyn.

Saith Canhwyllbren Aur

'Ysgrifenna mewn llyfr yr hyn a weli, ac anfon ef at y saith eglwys, i Effesus, i Smyrna, i Bergamus, i Thyatira, i Sardis, i Philadelffia, ac i Laodicea.'

Yna trois i weld pa lais oedd yn llefaru wrthyf; ac wedi troi, gwelais saith ganhwyllbren aur . . .

Fel yna, yn ôl Llyfr y Datguddiad, y clywodd Ioan ar ynys Patmos orchymyn yr Ysbryd, gyda gweledigaethau perliog yn dilyn. Yn Asia Leia'r Beibl (gorllewin Twrci heddiw) yr oedd yr eglwysi hynny, ond o'r saith, y mae chwech yn garneddau ers canrifoedd. Rhaid cyfaddef, sut bynnag, fod hen ddinasoedd Pergamus ac Effesus yn dal yn gyffrous, pe na bai ond am enfawredd dychrynllyd eu hadfeilion.

Ystyrier y diwetydd eirias hwnnw pan gerddwn trwy weddillion Sardis yn unigedd y wlad. Gall Rhufain ac Athen a Chorinth ymffrostio'n deg ym mawrdra colofnau'r hen wareiddiad, ond yr oedd anferthedd pileri Sardis agos â chodi ofn arnaf i. Roedd y gwres yn pwyso fel gorthrwm, heb undyn byw i'w weld yn unman. Yn y tawelwch poeth, teimlwn fel petai ysbrydoedd o'r cynfyd yn llond y lle. Nid oedd yno bresennol, rywsut —dim ond dirgelwch rhyw ddoe ofnadwy . . .

Roeddem wedi esgyn o Heathrow toc ar ôl naw y bore gan gyrraedd Izmir am un y pnawn. (Ond ar yr union foment honno, pedwar o'r gloch oedd hi yng ngwlad y Twrc.) Am ryw reswm, roedd yr awyren ar ôl glanio wedi gorfod aros ar y rhedfa, ymhell, bell o'r man dadlwytho.

Craffwn yn fy ffenestr ar y gwres tramor yn crynu trwy bopeth. Rhesi o awyrennau rhyfel gyferbyn, a'u caeadau gwydrog bob un yn llydan agored rhag ymgrasu yn yr haul mawr. Rhwng adeiladau tanddaearol a thwmpathau dirgel yr amddiffynfeydd, piciai swyddogion a milwyr yn ôl a blaen.

Mae Twrci, sy'n ffinio ar chwe gwlad (Groeg, Bwlgaria, Rwsia, Iran, Irac a Syria) wedi'i harfogi hyd yr eithaf. Llywodraeth filwrol sy'n rheoli'r wlad, ac un rhybudd pendant a gafodd Ifor, fel cynhyrchydd, oedd iddo beidio ar boen bywyd ag anelu camera at wersylloedd arfog y wlad. (Un pnawn, wrth ffilmio criw o ddawnswyr Twrcaidd mewn hen theatr agored gerllaw Bergama, daeth hofrennydd ddu'r fyddin tuag atom gan roi un tro crwn yn isel uwch ein pennau—cystal â'n hatgoffa, fel petai. Dro arall, wrth yrru trwy bentref distadl, sylwi ar ddau lanc â'u garddyrnau mewn gefyn, milwr arfog yn eu tywys, a dau swyddog yn glôs wrth eu sodlau.)

Pan ddaeth ein tro i gerdded allan o faes awyr Izmir, cawsom ein derbyn gan ddau Dwrc. Roedd y naill i fod yn ddeheulaw inni tra byddem yn Anatolia, gŵr llyfn-dew, melyngroen o'r enw Mehmet Akargün. Llanc ifanc siriol oedd y llall. Dinsher Hazirol, ac ef a fyddai'n ein cludo yn ei fws-llog wrth deithio'r anial wlad. (Roedd ein Fiat/Mercedes Dinsher wedi'i addurno â chardiau-post, â chalonnau a sêr a ffrwythau. Peth cyffredin oedd gweld lori gyda phanel ei drws o'r tu allan wedi'i harddu â thirlun y bu rhyw artist wrthi am oriau lawer yn ei beintio'n gariadus.)

Dros y tridiau dilynol, byddem yn oedi yn ninas fawr Izmir. (Yr hen enw oedd 'Smyrna', cyn i Mustafa Kemal ei newid tua 1922.) Ac o'r Saith Canhwyllbren Aur, dim ond un yn unig sydd ar ôl bellach: Eglwys Polycarp yn Smyrna. Profiad eneidiol fu cael eistedd wrth yr allor yno un pnawn, a darllen yn uchel o'r cyfieithiad Cymraeg diweddaraf: *Ac at angel yr eglwys yn Smyrna, ysgrifenna: Bydd ffyddlon hyd angau, a rhoddaf iti goron y bywyd* . . .

Profiad hynod hefyd oedd deffro'n gynnar yn yr Hotel Karaca, gyda'r *muezzin* o'r minaret cyfagos yn galw'r ffyddloniaid i'r mosc i gydnabod Allah. Dysgu gan Mehmet fod yr alwad yn digwydd bum gwaith bob dydd, er iddo awgrymu mai lled gloff oedd ymateb llaweroedd bellach, gan ychwanegu nad oedd yntau'n fawr gwell na 'Mahometan ar bapur'.

Er imi ganmol y Twrc yn y bennod flaenorol, un noson cefais sgegfa ganddo o natur arall. Yr hwyr hwnnw, roedd Mehmet yn awyddus iawn i Ifor a minnau gael blas cyngerdd Twrcaidd yn theatr agored y *Kulturpark*, lle'r oedd cantores bur enwog yn per-fformio, slasen nwyfus o'r enw Ajda Pekkan. Ac fe dybiwn i fod y Pekkan wedi canu'n abl a phroffesiynol ddigon.

Ar ôl y cyngerdd, gan ei bod yn dywyll, a ninnau'n ddieithr i'r lle, galwodd Mehmet ni at dacsi car-acheffyl. Siaradodd â'i berchennog, oedd yn uchel mewn sedd uwchben ei bâr ceffylau, ac eglurodd wrthym mai'r tâl am ein cludo'n ôl i'r Hotel Karaca fyddai 200 lire union.

Wedi difyr drotian trwy strydoedd y nos, dyma gyrraedd y gwesty yng ngwyll y coed palmwydd. Camu o'r cerbyd i'r palmant, ac Ifor yn estyn deucan lire i'r gyrrwr yn ei sedd ddyrchafedig. Ond erbyn hynny roedd y brawd yn mynnu 50 lire'n ychwanegol!

Nid oedd gan Ifor ddimai arall yn ei boced, a chan na feddem na'r iaith na'r ias i godi dadl, estynnais bapur 1000 lire i'r ceffylwr, iddo dynnu'r 50 lire 'dyledus' ohono. Plygodd yntau i lawr ataf yn y gwyll gan drosglwyddo'r newid i'm llaw fesul papuryn. Am nad oedd gennyf y syniad lleiaf o'r swm a estynnai imi, ni allwn wneud yn amgenach na dal cledr fy llaw tuag ato gan obeithio'r gorau. Yn sydyn, rhoes y gyrrwr blwc i'r awenau, ac i ffwrdd ag ef ar garlam i'r tywyllwch.

Wedi cyrraedd golau *foyer* y Karaca, agorais fy nwrn, a chanfod fy mod ar golled o 400 lire. Drannoeth, wrth i Mehmet holi am ein taith tuag adre o'r *Kulturpark*, a minnau'n sôn wrtho am y twyllwr, edrychodd yn dosturiol arnaf gan ddoethinebu fel hyn: 'Mae yn Izmir boblogaeth o ddwy filiwn, cofia. Paid â synnu os doist ti ar draws *un dyn anonest*!'

Ar wahân i geffylau'n tynnu'r cerbyd-tacsi, fe geid yn Izmir (ac ym mhob tref, o ran hynny) geffylau'n halio gwagenni bychain gyda'r geiriau AT ARABASI ar gaeadau'r cefn. Yn union o dan grwper a chynffon pob ceffyl, yr oedd sachgwd wedi'i sicrhau ar letrawsy llorpiau ar gyfer cynnwys carthiadau'r anifail, gyda'r canlyniad fod pob stryd yn lân ryfeddol.

Bob hyn a hyn yn ystod y Sul, dôi swn clychau ac utgyrn i strydoedd y ddinas. A'r pryd hwnnw, gwelid un ai rhes o foduron o dan faneri a chwifio dwylo brwd, neu ynteu fe welid bachgen ifanc ar gefn ceffyl, gyda gosgordd o wagenni lliwgar a phobloedd llawen yn

139

dilyn. O holi Mehmet deëllais mai defosiwn wythnosol y Mwslim oedd ar fynd, a bod y gwryw mewn teulu newydd ddod i oedran enwaedu arno gan feddyg. A'r dull o ddathlu oedd i'r aelwyd a'r perthnasau orymdeithio trwy'r strydoedd (mewn cerbyd neu ar geffyl) i fynegi fod bachgen arall wedi troi'n ddyn.

Un noson yng ngwesty Karaca, ehedodd fy nychymyg i wlad Llŷn tuag ardal dawel Penycaerau. Yno, gwelwn fy mam yn oriau'i gwendid newydd eni plentyn, ei phedwerydd. Pan gafodd ei chefn ati, estynnodd y fydwraig y babi meddai i'w breichiau, a dweud wrthi:

'Ann!' 'Wyddost ti lle bydd y mymryn yma'n cael ei drigain oed? Yn ninas Smyrna yng ngwlad Twrci.'

'Wnes i ddim dal beth oedd ateb fy mam. Ond yn Smyrna'r nos Sadwrn honno, Medi 3ydd, 1983, roedd Penycaerau'n annaearol o bell. Ac ias gyda'r ryfeddaf oedd cyrraedd y trigeinmlwydd hwnnw ar dir Asia.

Wythfed Rhyfeddod ac Wythfed Eglwys

Pan ddaeth yn amser inni adael Izmir, a thynnu am gefn gwlad ar drywydd y Saith Canhwyllbren Aur, roedd y dieithrwch rhyngom a'n dau dywysydd Twrcaidd wedi aeddfedu'n gyfeillgarwch hyfryd. Ar un llaw, roedd Saesneg Mehmet yn weddol rugl, a byddwn yn holi'n feunyddiol am ei wlad a'i bobl, gan ddysgu rhywbeth newydd bob dydd. Ar y llaw arall, am na feddai'r Dinsher hoffus brin sill o Saesneg (mwy na minnau sill o Dwrceg, o ran hynny) byddem ein dau'n treulio llawer o amser yn 'sgwrsio' trwy ebychiadau ac arwyddion, a chyfleu sawl neges wrth wneud lluniau ar bapur. Peth a barodd lawer o chwerthin!

Egwyl gyda'r ddifyrraf oedd honno pan fûm yn helpu Dinsher i newid olwyn fflat ei fws yn ninas Denizli ar y ffordd i Laodicea. Roedd ein dwylo ni'n dau yn llawer mwy effeithiol na'n tafodau. Wedi cadw'r arfau trymion yng nghist y bws, a golchi'r seimiach oddi ar ein cledrau, rhoes Dinsher ei fraich yn dynn am f'ysgwydd, ac o bob syndod, bloeddiodd yn ddiolchgar: 'Ah! Robin Hood!' (Dod i ddeall ganddo wedyn mai yn yr ysgol, gynt, yr oedd wedi clywed am yr anturiaethwr hwnnw.)

Hwn hefyd oedd y canolddydd pan ddaeth Mehmet yn ôl o swyddfeydd y ddinas wedi methu'n deg â sicrhau caniatâd ffilmio ar gyfer Ifor. Yr oedd tair haen o fiwrocrasi y byddai Mehmet yn llwyddo'n gyson i dorri trwyddyn nhw ar ein rhan: delio â rhaglaw'r ddinas y byddem ynddi, yna'r heddlu, ac yn bennaf oll pledio â'r militari. Ganddyn nhw yr oedd y dyfarniad terfynol. Ond y dydd hwnnw yn Denizli, roedd un swyddogyn wedi penderfynu arddangos ei nerth gan orchymyn nad oeddem i ffilmio hyd drannoeth. Daeth Mehmet yn ei ôl i'r bws yn doredig, a'i falchder wedi'i gleisio am iddo fethu â pharatoi'r ffordd inni: *'The day died,'* sibrydodd yn bendrist. *'I am burning!'* (Sy'n enghraifft odidog, mae'n bur siŵr, o gyfieithu priod-ddull Dwrceg yn llythrennol.)

Heb fod ymhell o Laodicea y mae wythfed rhyfeddod y byd—i mi, o leiaf: creigiau Pamukkale (sy'n golygu 'Castell Cotwm')—ffurfiant gwyngalchog cwbl ryfeddol. Fymryn yn uwch i fyny yng ngweddillion dinas Hierapolis y mae dyfroedd sy'n tasgu i'r wyneb agos â bod yn ferwedig, gyda chalch a brwmstan yn y cynnwys. Mae'r dyfroedd hyn wedi llifeirio i lawr y llethrau dros filoedd ar filoedd o flynyddoedd, nes bod y creigiau claerwynion wedi magu cafnau enfawr sy'n gorlifo'n gyson gan ddŵr cynnes, cynnes.

Yn y parth hwn y mae'r aflonyddwch folcanig yn hollbresennol. Gerllaw mynedfa i dwnnel yn y creigdir, clywsom sŵn hisian sinistr. Cael ar ddeall wedyn fod dau dwrist dair blynedd cyn hynny wedi eu canfod yn feirwon yn y twnnel hwnnw o effaith y nwy gwenwyn-llyd, carbon deuocsid. Er bod rhwyll haearn, bellach, yn cloi'r fynedfa rhag damwain arall, eto mae'r nwyon marwol o hyd ar waith, a'u suoni'w clywed yn ymlegino allan o ddyfnderau'r graig.

Disgrifiad yr Ysbryd o gyflwr eglwys Laodicea oedd hyn: '. . . nid wyt nac oer na phoeth.' (Datguddiad—pennod 3, adnod 15.) Er mwyn cyfleu hynny, purion beth oedd tystio fod hyd yn oed *dyfroedd* yr ardal yn boethach nag ysbryd eglwys Laodicea. Barnodd Ifor mai syniad gwreiddiol, wrth ffilmio, fyddai imi ddweud y pwt hwnnw o ganol ager un o byllau calchog Pamuk-kale gan roi sylw i boethder naturiol y dŵr.

Ar gyfer sefyll at fy nghanol yng ngheubwll y graig, cefais fenthyg trons-nofio gan y Mehmet ffyddlon. Ond yn anffodus i mi, roedd y dilledyn hwnnw'n un mor afresymol o gynnil, gyda'r canlyniad fod fy nghorff noeth (oedd yn eithaf melyn gan liw haul Cymru) yn arddang-os cylch o groen purwyn am fy mharthau isaf. Dyna'r pryd y clywyd dedfryd Mehmet oddi ar y garreg agosaf: *'Robin! You are like aubergine and yogurt!'*

Roedd hynodrwydd hynafol gwlad Twrci'n ei am-lygu'i hunan yn ddyddiol, a deil sawl cofio'n gyffro hyd heddiw. Dyna'r adfeilion eraill hynny sydd ar draws dyffryn Menderes o Hierapolis, lle mae Affrodisias, dinas dduwies Affrodite oedd yn ei bri gryn dair mil o flynyddoedd cyn Crist. Mae'r stadiwm yno'n sicr o fod y fwyaf o'i bath a welais erioed. Medrai gynnwys deng mil ar hugain o edrychwyr yn hwylus, ond erbyn heddiw nid oes yno neb ar gyfyl y fan namyn chwyn a drain a nadroedd a haul. Roedd gwres Affrodisias yn gofiadwy o enbyd. Am y llwch oedd hyd y lle, nid codi'n gwmwl dros esgid a wnâi hwnnw ond llifo'n llythrennol dros y lledrau. Llwch nad oedd ymhell o fod yn ferw, mi daerwn.

O dynnu at aber afon Menderes, down at lan môr Aegea lle mae harbwr Kushadasi (ynys yr adar) gydag ynys Roegaidd Samos brin gam cawr oddi wrth y pen-rhyn. Yn yr hen oes, oherwydd perygl lladron, byddai'r marsiandïwyr yn teithio ar draws gwlad Anatolia yn haid gyda'i gilydd. Yna'n aros ar derfyn dydd, hwy a'u hanifeiliaid a'u marsiandïaeth, yn niogelwch *caravan-serai* oedd yn adeilad cadarn, castellog. Bellach mae'r rhan fwyaf o'r rhain wedi ymchwalu, ond fe gadwyd *caravanserai* Kushadasi fel yr oedd, a'i droi'n westy modern tra phoblogaidd.

Ychydig filltiroedd yn y wlad y mae Seltshwc, lle claddwyd Ioan. Ond y syndod a welais i yno oedd bachgen yn cerdded ochr y ffordd gan yrru cylch haearn wrth fachyn weiren, yn union fel y gwnaem ni'n blant yn Llanystumdwy ers talwm. Erbyn heddiw, fe ddarfu'n llwyr am y 'chwarae cylch' yng Nghymru. Flynyddoedd lled faith yn ôl, pan oeddwn ar dro yn Nant Gwrtheyrn, a'r lle'r pryd hynny wedi mynd â'i ben iddo, allan o hen domen yno fe godais gylch haearn perffaith y bu rhyw blentyn o'r Nant yn cael cysur gydag ef. Byth ers hynny, nid wyf wedi gweld plentyn yng Nghymru nac yn unman ar hyd a lled Ewrop yn 'chwarae cylch'. Ar wahân i'r bachgen hwnnw o Seltshwc yn Nhwrci. Tybed a yw'n dal wrthi?

Draw yn uchel yn y mynyddoedd, hwnt i Effesus, y mae'r *Meryemana*. Sef, meddir, y tŷ y bu Mair, mam yr Iesu, yn byw ynddo. Y traddodiad yw i Ioan, wedi'r croeshoelio ar ei Feistr, fynd â Mair gydag ef i ddiogel-wch Asia Leiaf. Rhyfeddol, yn wir, yw sylweddoli fod cymaint o bobl yng nghyfnod cynnar Cristionogaeth wedi bod yn gweithio (a nifer wedi cael eu claddu) yn y parthau hyn: Ioan, Antipas, Polycarp, Luc, Philip, Paul, Epaffras . . . A hithau, Mair.

Saith eglwys Asia, meddai Llyfr y Datguddiad. Eto, pam nad enwyd yr wythfed? Mynnaf nad ymgais awdur yw hyn i lynu wrth 'Hoelion Wyth' fel teitl ei lyfr. Canys, yn bendifaddau, yr oedd yna wyth eglwys yn Asia. A'r wythfed honno oedd Colossae.

Pan oedd yr Apostol Paul yn y carchar yn Rhufain, fe gwrddodd â charcharor arall o'r enw Epaffras, neb llai na'r gŵr oedd weinidog neu gychwynnydd yr Achos yn ninas Colossae. Tyst o hynny yw'r llythyr a sgrif-ennodd Paul at y Colosiaid:

Y mae Epaffras, sy'n un ohonoch, caethwas Crist Iesu, yn eich cyfarch . . . Yr wyf yn tystio amdano ei fod yn llafurio'n ddygn trosoch chwi, a thros y rhai sydd yn Laodicea ac yn Hierapolis . . . A phan fydd y llythyr hun wedi'i ddarllen yn eich plith chwi, parwch iddo gael ei ddarllen hefyd yn eglwys y Laodiceaid.

(Llythyr Paul at y Colosiaid—pennod 4, adnodau 12,13,16.)

Trwy ddyfal drafferth, llwyddodd Ifor i'n 'harwain dros fynyddoedd a thrwy yr anial chwith' nes cyrraedd y llecyn anhygyrch a elwid Colossae, oedd yn ddinas bwysig bum can mlynedd cyn Crist. Nid oes neb yno heddiw, na dim ond bryncyn helaeth, uchel gyda thalpiau o golofnau a llestri hen oesoedd yn brigo i'r wyneb yma a thraw. Wrth ymffaglu trwy welltiach crinsych a drain eithriadol o filain, clywid rhybudd cyson Mehmet o'r tu ôl inni: 'Look for the snakes!'

Os arbedir ein daear rhag ei difodi gan y grymoedd niwcliar, mentraf broffwydo y bydd Twrci'n ymenwogi trwy'r byd oherwydd cloddio gwir gynhyrfus gan arch-aeolegwyr y dyfodol. Bydd yr hanes a'r trysorau sydd o dan grawen y wlad hon yn siŵr o fod yn unigryw.

Kurban Bairamu

Wedi diwrnod arall o wres arteithiol, gadawyd Thyatira am gyfeiriad Philadelffia. Erbyn heddiw, Akhisar yw enw'r naill le, ac Alasehir y llall. Ond rhaid oedd torri'r siwrnai yn Salihli, a bwrw'r nos yng ngwesty Alkent. Ymolchi'n ddiolchgar yn yr ystafell cyn codi'r teliffon, i'm gwraig yng Nghymru wybod ein bod yn fyw ac yn iach. Ond er deialu'n hir, nid oedd modd cael y teclyn i weithio.

Yn y man, wedi mynd i lawr am swper, dod i ddeall mai motel oedd yr Alkent, a bod y lle bwyta yn y stryd gryn ganllath i ffwrdd heibio i dair siop, gyferbyn â gorsaf betrol. Cyrraedd y restoran, ac o ganfod Mehmet eisoes wrth y bwrdd, ei hysbysu o'm trafferth gyda'r teliffon. Gwenodd yn ddeallus, ac wedi gwneud nodiad o'r rhif a geisiwn yng Nghymru, adroddodd ei hoff sylw:

'*No problem for you. Only, problem for me!*'

Golygai hynny bob amser nad oedd gofyn i mi boeni am yr anhawster, gan mai'i ofal ef oedd mynd i'r afael â'r helynt, ac y byddai cloch f'ystafell yn tiwnio ar ben yr awr.

Wedi bwyta, aeth Ifor a minnau yn ôl i'r motel Alkent i ddisgwyl caniad y teliffon. Roedd gwres yr hwyr mor orthrymus nes imi ddiosg pob un dilledyn, gan wisgo trowsus pyjamas yn unig. Ac er nad oeddwn ond yn gorffwys ar y gwely gan gadw llygad ar y teliffon cyf-agos, eto roedd y chwys yn ymferwi trwy'r croen.

Cyn bo hir, dyma sŵn traed yn llamu i fyny'r grisiau tua'n coridor ni, drws yr ystafell yn cael ei agor yn stwr-llyd, a Mehmet yn galw:

'*Robin! Your telephone!*'

Neidiais yn syth at y bwrdd a chodi'r teliffon llonydd at fy nghlust.

'*No! no! Come down with me, quick! Come now!*' meddai Mehmet gan ddiflannu i lawr y grisiau.

145

Nid oedd un munud i'w golli. Roedd Mehmet bid siŵr wedi'm cysylltu â'm cartref ar ddesg y fynedfa islaw. Ond beth a gawn ei wisgo trosof ar frys mor daer? Fel y plannwn ddeudroed i bâr o slipars, roedd Mehmet yn ei ôl eilwaith gyda pheth panig yn ei lais bellach:

'Robin! Robin! *Your telephone. You must hurry. Please!*'

Roedd yn bendant fod fy ngwraig yn aros amdanaf ar ben arall y ffôn yng Nghymru, a chan fod eiliadau drudion yn tipian heibio, nid oedd amser i ymwisgo. Gan hynny, cythrais i'r peth agosaf i law—*dressing gown* Ifor—a thrylamu i lawr y grisiau gan geisio trawo'r pilyn amdanaf yr un pryd.

'*Come quick!*' gwaeddai Mehmet yn wylltach fyth. '*You must follow me,*' gan agor y drws a rhedeg i'r stryd.

I'r stryd? meddyliais. Yn y cyflwr hwn o hanner-gwisgo?

Nid oedd gennyf un dewis ond dilyn y Twrc dyrys heibio i un siop, heibio i ddwy a thair, a heibio i bobloedd llygatrwth. Erbyn hynny, roeddwn yn sylwi nad *dressing gown* Ifor a gipiais i'm canlyn, ond côt ei byjamas, un biws, flodeuog . . . ac wele fi bellach, yn fy nhrowsus pyjamas gwyrddi fy hunan a'm slipars llac, gyda mantell biws, yn carlamu trwy stryd estron yn Nhwrci!

Roedd Mehmet ar bigau'r drain yn aros amdanaf wrth yr orsaf betrol, ac yna cydiodd ynof a'm tynnu'n siarp i swyddfa ger y *restoran*, lle'r oedd gŵr yn eistedd o flaen panel bychan—math o gyfnewidfa deliffon, yn wifrau i gyd. Edrychodd y dyn yn syn arnaf am ennyd, yna estynnodd y ffôn imi gan wthio i'r panel o'i flaen blwg ar ôl plwg i dwll ar ôl twll.

Er gweiddi 'Helô!' ddengwaith i'r teclyn ffonio, nid oedd llef na neb yn ateb o un man. Ni fedrai dyn y ffôn ddeall pam. Na Mehmet. Na minnau ychwaith! Ac ni chefais esboniad eglur ar y dryswch hyd y dydd hwn.

Ond yr oedd gwaeth na helynt ffôn yn fy mhoeni bellach. Hynny oedd gorfod cerdded yn amryliw-noethlwm yn ôl i'r motel trwy ganol y stryd a'r siopau yn Salihli . . . .

Fel pob mân gyffro arall, pasio heibio a wnaeth y miri. A chyda'r dyddiau'n ymddirwyn yr oeddem yn tynnu tuag Izmir unwaith eto ar gyfer hedfan yn ôl i Gymru. Ond wedi crwydro gwlad a thref yn Anatolia, un peth a ddôi'n fwyfwy amlwg oedd y niferoedd defaid ym mhob man. Fe'u gwelid yn ddiadelloedd o dan y coed, yn gyplau mewn marchnad, neu'n sefyll yn unigol gerfydd rhaff gerllaw tŷ. Rhyfeddach fyth oedd sylwi fod rhai defaid yn afresymol liwgar, gyda phaent wedi'i chwistrellu dros wlân llawer ohonyn nhw, a'u troi'n ddefaid piws, defaid melyn, defaid coch . . . O'r diwedd, cael yr esboniad gan Mehmet: yr oedd gŵyl flynyddol fawr y 'Kurban Bairamu' yn dynesu. ('Seremoni'r Torri' oedd ei gyfieithiad ef.)

'Cyn i Mam farw y llynedd,' meddai fy nghyfaill, 'fe wnaeth i mi addo y buaswn i'n aberthu dafad drosti i Allah ar yr ŵyl. Rydw i wedi prynu'r ddafad yn barod —mae hi wedi costio tua thrigain punt. A bore fory, mi fydda i'n cadw f'addewid i Mam. Bydd fy nhad-yng-nghyfraith a minnau'n mynd i'r mosc yn gynnar. Ac wedyn, mi fyddwn yn aberthu yn yr ardd. Ar ôl hynny, mi fydd y ddafad yn cael ei blingo a'i thorri—un hanner yn mynd i'r teulu ar gyfer y wledd. A'r hanner arall yn cael ei rannu i'r tlodion.'

Pan ofynnais beth oedd y tu ôl i'r aberthu yn y Kurban Bairamu, aeth Mehmet ati i esbonio'n glapiog:

'A very long time ago, the Got . . . he ask Ivraim to sacrifice . . . I think it was his daughter . . . or maybe his son . . . I am not sure—'

'Was it Isaac, the son of Ivraim? Abraham?' mentrais ofyn.

Parodd fy nghwestiwn i lygaid a genau Mehmet

147

ymagor mewn syndod. Yna, lledodd gwên edmygus dros ei wyneb melyn, ac meddai'n anghredadun:

'You know? You know *the story, yes?*'

Eglurais iddo gefndir f'addysg Feiblaidd yng Nghymru, gan awgrymu yr un pryd fod dylanwad Iddewiaeth yn eithaf trwm ar Fahometaniaeth. Ei ateb i hynny oedd:

'*I invite you to the Kurban Bairamu to-morrow. Maybe Ifor . . . he like to film the sacrifice also . . . ,*'

Ben bore trannoeth, aeth Dinsher â ni i Güzel Batshe (Gardd Bryderth), cartref Kemal Gerekmen, tad-yng-nghyfraith Mehmet, tŷ ar gwr dinas Izmir, union led ffordd o lan môr Aegea.

Daeth Mehmet atom â'i lygaid gloywddu'n fwrlwm o ddireidi. Roedd ef wedi mynd i'r mosc ar fore'r Wyl, ond ni chafodd oedfa am iddo fod awr yn rhy hwyr, a phopeth drosodd. (Cofiais innau iddo sôn rai dyddiau ynghynt nad oedd ef ond 'Mahometan ar bapur'!)

Fodd bynnag, yr oedd yr aberthu teuluol eto i ddigwydd. Er nad oedd y ddefod yn beth y buaswn i'n ei arddel, serch hynny yr oeddem yno ar wahoddiad calon-gynnes ein cyfaill. A ph'run bynnag, byddai cael bod yn llygad-dyst i'r seremoni ddwyreiniol hon yn brofiad rhy ddrud i'w golli. Onid oedd drama gyntefig llyfr cynta'r Beibl ar fin cael ei hactio o flaen ein llygaid? A hen stori'r ail bennod ar hugain o Lyfr Genesis ar gael ei hadleisio yn yr ugeinfed ganrif:

> *Yna y dyrchafodd Abraham ei lygaid, ac a edrychodd: ac wele o'i ôl ef hwrdd, wedi ei ddal erbyn ei gyrn mewn drysni: ac Abraham a aeth ac a gymerth yr hwrdd, ac a'i hoffrymodd yn boeth-offrwm yn lle ei fab.*

Ac yn wir, wrth sefyll yn y tawelwch ger môr Aegea, gallem glywed eisoes frefiadau defaid o gyfeiriad gerddi sawl tŷ rhwng y llwyni cyfagos.

Yn y man, cawsom ein galw i ardd Gerekmen. Yno'r oedd dafad yn sefyll ar fin twll a gloddiwyd yn y pridd gyda dau ddyn yn cydio, un ym mhob corn iddi. Plygais i'm cwrcwd i wylio'r creadur, nad oedd ond dwy lath oddi wrthyf—dafad wen, hardd, a mymryn o wlân du o gylch ei llygaid.

Edrychais yn hir i'r llygaid mawr, melyn hynny. Edrych i ganol diniweidrwydd, gan wybod peth na wyddai'r ddafad ei hunan—y byddai hi, druanes, o fewn y tri munud nesaf yn gelain gegoer. (Ai tristwch o fath felly, ysgwn i, yw hollwybodolrwydd bod yn dduw? A thybed p'run yw'r gwaethaf, ai bod yn dduw, ynteu bod yn ddyn?)

Clymwyd teircoes i'r ddafad, gan adael ei phedwaredd yn rhydd, ac yna'i baglu ar ei gorwedd wrth fin y twll. Aeth y cigydd lleol a Kemal Gerekmen ati a phenlinio yn ei hymyl. Anwesodd Kemal y talcen gwlân yn addfwyn a phwyllog gan sibrwd gweddi uwch ei phen. (Eglurodd Mehmet imi ar ôl hynny mai'r weddi oedd: 'Yr ydym yn awr yn dy offrymu di i Allah drosom ni.')

Wrth imi syllu'n ddiymadferth i fyw y llygaid melyn a ffeind hynny, daeth geiriau Eseia'n ddychrynllyd o ystyrlon: 'fel oen yr arweinid ef i'r lladdfa, ac fel y tau dafad o flaen y rhai a'i cneifiai, felly nid agorodd yntau ei enau.'

Roedd llaw chwith y cigydd yn tyner-fyseddu o dan ên y ddafad, ond yna'n sydyn holltodd ei gyllell y gwddf yn llydan agored, a gwelwn fywyd y creadur tlawd yn dylifo'n goch i geubwll y pridd. A dyna'r pryd y teimlais angerdd ofnadwy y cymal hwnnw, eto fyth gan Eseia: '... am iddo dywallt ei enaid i farwolaeth.'

Codais yn ysig o'm cwman, cerdded draw at Dinsher a Mehmet, a'u holi faint o ddefaid a aeth yn ebyrth y bore hwnnw yng ngwlad Twrci. Pan atebodd Mehmet 'dwy filiwn', gwyddwn fod fy llygaid yn llenwi'n byllau, ac am eiliad neu ddau ni fedrwn yngan gair. Am nad oedd ganddo iaith, cydiodd y Dinsher caredig ynof, i'm nerthu, am a wn i.

149

Gan gofio mai dyn ar dro mewn gwlad dramor oeddwn, teg oedd derbyn mai dyna oedd eu dull hwy o grefydda. A rhag imi ymgyfiawnhau y mymryn lleiaf, mynegais wrthynt f'anghysondeb innau: nad oeddwn, ar un llaw, yn hoffi gweld lladd anifail mewn gwaed oer, ond eto fy mod, ar y llaw arall, yn bur debygol o fwyta cig dafad yn ystod yr union ddiwrnod hwnnw.

A rhyw godi aeliau, ysgwyd pen a lled-wenu y buom ein tri gan ymdeimlo â'r trwch o dryblith oedd yn ein natur ddynol ni'n hunain.

Hyd heddiw, mae fy meddwl yn mynnu llithro'n ôl i ardd Kemal yn Güzel Batshe. Beth ar y ddaear oedd y ddafad honno wedi'i wneud i neb i haeddu'r fath ddiwedd? Pa ryw dduw a'i mynnodd? Onid y duw neu'r dyn—ac nid yr anifail—yw'r bwystfil bob gafael? Onid y diniweitiaf sydd wedi dioddef ym mhob oes?

Mae'n ddyddiau Nadolig pan sgrifennaf hyn o atgof-ion. Pa beth yw'r miloedd bylbiau sy'n goleuo'r ddinas ond ymgais tinsel i guddio'r haint sy'n rhodio yn y tywyllwch? Pan aned Iesu yn y preseb, onid oedd Herod eisoes ar gefn ei geffyl? Nid oedd gan fabanod y bröydd obaith rhag ei gythreuldeb, ddim mwy nag oedd gan Iesu'r siawns leiaf i osgoi hoelion wyth y groes honno'n hwyr neu'n hwyrach.

Ac felly, mae'n ymddangos yr erys pethau hyd heddiw: mae'r baban yn ei breseb, a'r bwystfil yn ei blas.

WEST GLAMORGAN COUNTY LIBRARY

No.		No.		No.		No.	
1	7.44	18	8/91.	35		52	
2		19		36		53	
3		20		37		54	
4		21		38		55	
5		22		39		56	
6		23		40		57	
7	9.96	24		41	3.92	58	
8		25		42		59	
9		26		43	6/04	60	
10	31.95	27		44		61	
11		28		45	11/90	62	2/91
12		29		46		63	
13		30		47		64	
14		31		48		65	
15		32		49		66	
16		33		50		67	
17		34		51	7.90	68	
						69	3.92
						70	

COMMUNITY SERVICES

WGCL 111
LIB/008